探検！ことばの世界

大津由紀雄

さあ いよいよ
探検の始まりだ

ひつじ書房

探検の心構え

　やあ、ことばの世界へようこそ！　わたくしが探検隊長の大津です。この本を手に取ってくれたお礼に、あなたがたぶんいままで気がつかなかったすばらしい世界に招待しよう。でも、いきなりことばの世界のすばらしさって言ったって、ぴんとこないかもね。そこで、ちょっと先回りをしてその一部をちょっとのぞいてみることにしよう。

　「どろぼう」ってことば知ってるよね。「ねこ」ってことばだって知ってるよね。なにをいまさらと思うかもしれないけれど、まあちょっとだけがまんして。さて、この2つのことばをくっつけてみよう。くっつけてできるのは、「どろぼうねこ」と「ねこどろぼう」という2つのことば。違いはくっつけるときの順番を変えただけだよね。でも、「どろぼうねこ」と「ねこどろぼう」じゃ、大違いだ。

　「どろぼうねこ」といえば、それはねこのことだ。でも、「ねこどろぼう」といえば、それはどろぼうのことだ。どろぼうねこはニャーとなくかもしれないけれど、ねこどろぼうはニャーだなんてとんでもない。

　なにを当たり前のことをおおげさにさわいでいるのと思うかもしれないけど、でもちょっと考えてごらん。あなたにはどうして「どろぼうねこ」はねこで、「ねこどろぼう」はどろぼうだということがわかるんだろう。しかも、あなただけでなく、日本語を話すあなたの友達もみんな同じようにわかるはずだ。それはいったい、どうしてなんだろう。

　そんなの簡単だよ、という声も聞こえてくるね。そのわけは、「どろぼうねこ」ということばと「ねこどろぼう」ということばをいままでに聞いたことがあって、「どろぼうねこ」はねこ、「ねこどろぼう」はどろぼうを指すのに使われていたからさという声だ。いい考えだ！　でも、問題はそんなに簡単じゃないんだよ。

　そこでこんどは「ワニ」と「バナナ」という2つのことばを考えてみよう。

両方ともごく普通のことばだよね。さて、この2つをくっつけてみよう。できるのは、「ワニバナナ」と「バナナワニ」。違いは2つをくっつけるときの順番だけだ。でも、さっきの「どろぼうねこ」と「ねこどろぼう」とは違って、そんなことば、いままでに見たり聞いたりしたことないよね。そうであっても、「ワニバナナ」はバナナの一種で、決してワニの一種じゃない。逆に、「バナナワニ」はワニの一種で、バナナの一種じゃありえない。しかも、このこともあなただけでなく、日本語を話す人ならだれでもわかるんだ。どうしてそんなことができるんだろうか？

　なるほど、そう言われてみると不思議だなあと感じてくれたら、しめたもの。その気持を大切にして、さっそく探検に出かけよう！

目次

探検の心構え ……………………………………………………………… 002

ⅰ さあ、探検に出かけよう

- 探検 ❶ 「はしをわたるべからず」[あいまいな文①] ……………………… 008
- 探検 ❷ 「ここからはきものをぬぎなさい」[あいまいな文②] …………… 014
- 探検 ❸ 「茶色い目の大きな犬を飼っている宇宙人」[あいまいな文③] ……… 020
- 探検 ❹ おおきなかぶ [一番長い文①] ……………………………………… 026
- 探検 ❺ これはジャックの建てた家 [一番長い文②] ……………………… 032
- 探検 ❻ バナナワニとワニバナナ [名詞と名詞をくっつける] …………… 038
- 探検 ❼ 大きな太鼓は「おおだいこ」[連濁のはなし①] …………………… 044
- 探検 ❽ 「にせたぬきじる」と「にせだぬきじる」[連濁のはなし②] ……… 050
- 探検 ❾ 「それ」ってなあに？ [代名詞①] …………………………………… 056
- 探検 ❿ Can you open the window？ [依頼の疑問文] …………………… 062
- 探検 ⓫ 敬語は日本語の専売特許？ [英語の敬語] ………………………… 068
- 探検 ⓬ ひとやすみ ………………………………………………………… 074

ⅱ　もっと、探検しよう

探検 ⑬ 日本語をひっくり返すと英語になる？［ミラーイメージ］ ……………… 082
探検 ⑭ 大阪弁は「て」抜きことば［省略①］ ……………………………………… 088
探検 ⑮ 「て」抜きと「に」抜きと that 抜き［省略②］ ……………………… 094
探検 ⑯ あ、い、う、え、お、さあ、どれ入れよかな［1］［母音を入れる①］ …… 100
探検 ⑰ あ、い、う、え、お、さあ、どれ入れよかな［2］［母音を入れる②］ …… 106
探検 ⑱ あの活用表を科学する！［1］［活用①］ ……………………………… 112
探検 ⑲ あの活用表を科学する！［2］［活用②］ ……………………………… 118
探検 ⑳ あの活性表を科学する！［3］［活用③］ ……………………………… 124
探検 ㉑ 「ら」抜きことばを科学する！［「ら」抜き］ ……………………… 130
探検 ㉒ 自分［1］［代名詞②］ ……………………………………………………… 136
探検 ㉓ 自分［2］［代名詞③］ ……………………………………………………… 142
探検 ㉔ じゃあね！ ……………………………………………………………………… 148

あとがき …………………………………………………………………………… 156
感謝のことば ……………………………………………………………………… 159

イラスト・デザイン　早乙女民
アシスタント　コバヤシヒロコ

このたびは
ムートン航空を
ご利用いただきまことに
ありがとうございます
ただ今より
クイズの時間と
させていただきます
メモの用意を
お願いいたし
ます

「はしをわたるべからず。」じゃあ、どこをわたろうか
「ここからはきものをぬぎなさい。」さあ、何をぬぐ？
茶色い目の大きな犬を飼っている宇宙人、を絵にかいてみよう
一番長い日本語の文ってどんな文？
バナナワニってどんなもの？
「にせだぬきじる」って何がにせものなんだろう
「それ」って何？
「窓開けられますか」と言われたら、何と答える？
なぜ日本で暮らしていると日本語が話せるようになるんだろう

1 さあ、探検に出かけよう

探検1 「はしを わたるべからず」

あいまいな 文 ①

と探っていこうことばのみなさんと世界をこれから思いますすいろいろといっしょに。

　おおっと、最初からおどかしてしまったかな。印刷ミスではありません。「これからみなさんといっしょにいろいろとことばの世界を探っていこうと思います」という文をいくつかの部分に分解して、その順序を入れ替えてみたんだ。勘のよい人にはなんとなく意味がわかったかもしれないけど、それにしてもこんなのはへんな日本語だよね。

　でも、へんてこではあるけど、そこに使われているのはちゃんとした日本語の単語です（まあ、だからこそ、なんとなく意味がわかった人もいたわけだけど）。そうしてみると、日本語には文を作るとき、単語の並べ方に一定の約束事があるということらしい。しっかり約束事を守って、単語の並べ方を変えると、「これからみなさんといっしょにいろいろとことばの世界を探っていこうと思います」というちゃんとした文ができあがる。ことばについてのこのような約束事を「**文法**」と呼ぶことがある。この本では、主に日本語と英語から例を引いて、文法の仕組みや働きについていろいろと探索してみようと思う。でも、この本１冊で、すべての場所を探検しつくしてしまおうなんてことは考えずに、足の向くまま気の向くままの気楽な探検にしよう。

　ところで、「文法」なんてことば聞きたくもないという人もいるだろうね。学校で習う英語の文法も国語の文法も、好きだという声はあまり聞かない。でも、せっかくこの本を手にとってくれたのだから、今回はだまされたと思ってとりあえず最初の３回の探検くらいつきあってくれないかな。絶対後悔はさせないから。

　さて、話は変わるけど、一休さんのとんちばなしの中にこんな話があったのを覚えているかな。いつも一休さんにとんちでやりこめられているだんなさんが一休さんとおしょうさんを自分の屋敷に招待した。その屋敷の前には小川が流れているので橋を渡って屋敷に入るようになっているのだけれど、だんなさんはいつものお返しをしてやろうと、その橋のたもとに、

はしをわたるべからず

と書いた立て札を立てた。橋を渡らなければ屋敷にいくことができないと困っているおしょうさんに一休さんは、「わたしのあとについてまんなかを歩いてきてください」と言うと、すたすたと橋を渡っていった。待ち構えていただんなさんが「立て札を見ませんでしたか」と言うと、一休さんは「ご注意ありがとうございました」とすまし顔で答えた。だんなさんが声を荒らげて「はしを渡ってはいけないと書いてありませんでしたか」と言うと、一休さんは「端を渡るとあぶないので、立て札を立ててくださったのでしょう。ありがとうございました」。だんなさんはまた一本とられてしまった。

　一休さんのとんちのカギを考えてみよう。「はしをわたるべからず」という文は、

橋を渡るべからず
端を渡るべからず

のどちらの意味にもとれる。「はし」という単語が「橋」にも「端」にもとれるからだ。もちろん、だんなさんは「橋」のつもりで立て札を立てたのだけれど、一休さんは「はし」が「端」の意味にもとれることに気がついて、だんなさんを煙にまいたというわけだ。

　このように1つの文でありながら、2つの意味をとることができる文を「**あいまいな文**」と呼ぶ。これから、いろいろな種類のあいまいな文を紹介しようと思うけれど、その前に図1を見てみよう。何のへんてつもない立方体のようだけれど、実は2通りの見方ができるんだ。一つは図2のように、もう一つは図3のように、このように2通りの見方ができる図形を「**あいまいな図形**」と

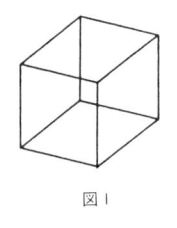

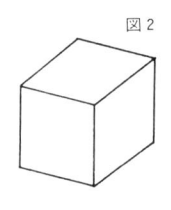

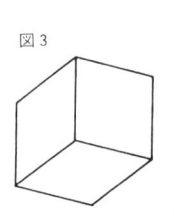

① 3人の男の子と女の子 / しっぽの長い犬と / 猫

② 3人の男の子と / 女の子 / しっぽの長い犬と猫

健太郎は 自転車で 逃げたどろぼうを追いかけた

健太郎は自転車で 逃げたどろぼうを追いかけた

呼ぶ。図4もあいまいな図形として有名なものだ。2通りの見方ができるだろうか。これらの図形は「はしをわたるべからず」のような、あいまいな文の図形版ということができる。

　ことばの話に戻ろう。次の文を見よう。
3人の男の子と女の子がやってきた。
　さあ、やってきたのは全部で何人だと思う？　男の子と女の子あわせて3人、という意味にもとれるけど、男の子3人と（何人かはわからないけど）女の子がやってきたという意味にもとれる。これもあいまいな文ということになるね。
　もう一つ、同じような例をあげよう。
しっぽの長い犬と猫がなかよく遊んでいる。
　2通りの意味を思いつくだろうか。

　こんどはちょっと違った種類のあいまいな文を見てみよう。
健太郎は自転車で逃げたどろぼうを追いかけた。
　さあ、2通りの意味に気づいただろうか。わからなかった人には、ヒントを出そう。自転車に乗っていたのはだれか考えてみよう。……もうわかったかな。まず、自転車に乗って逃げたどろぼうがいて、そのどろぼうを健太郎が追いかけたという意味が一つ。逃げたどろぼうを健太郎が自転車に乗って追いかけたという意味がもう一つだ。

　ここにあげた例のほかにも、まだまだいろいろな種類のあいまいな文がある。次の探検では、ここで見たのとは違った種類のあいまいな文を紹介しよう。

探検2「ここからはきものをぬぎなさい」

あいまいな文 ②

あいまいな文の世界の探検を続けよう。次の文はみんなあいまいだ。うまく見破ることができるかな？

窓からくもが見えた。

ここからはきものをぬぎなさい。

たけるはきのう麻友子がその本を買ったと言った。

太一が好きな少女があそこに立っている。

ぼくは飼い主に忠実な犬が好きだ。

では、順番に見ていくことにしよう。

最初のは簡単だったよね。

窓からくもが見えた。

「くも」を、空に浮かぶ「雲」ととるか、巣をはる「蜘蛛」ととるかで、2通りの意味が出てくる。

ここからはきものぬぎなさい。

この文は前に聞いたことがある人もいるはずだ。あるおじさんがお寺の本堂に入ろうとすると、さっきの文が書いてある札がはってあったので、ぎょっ！でも、そう書いてあるのだから仕方なく着物をぬいですっぱだかになって本堂に入ると、こんどは本堂にいた人たちがびっくりぎょうてん、という話だ。この話のおもしろさは、さっきの文の読み方を考えるとすぐわかる。読むときにちょっと区切り方を変えると、ほら！

ここから　はきものをぬぎなさい。

ここからは　きものをぬぎなさい。

札を書いた人は1番目のつもりで書いたのに、はだかおじさんは2番目だと思ってしまったのだね。間違えたおじさんもあわてものだけれど、書いた人ももう少し親切に「ら」と「は」の間にスペースを置くとか、読点（、）を打っていてくれたらよかったのにね。

たけるはきのう麻友子がその本を買ったと言った。

これは「きのう」という単語がカギ。「たけるは『麻友子がその本を買った』

ときのう言った」のか、「たけるは『麻友子がその本をきのう買った』と言った」のかのどちらの意味にもとれる。つまり、「きのう」を「言った」と結びつけるか、「買った」と結びつけるかで意味が違ってくる。この「(なにかをなにかと) 結びつける」ということ、もう少し詳しく言うと「意味のうえで結びつける」ことを、「**修飾する**」とか「**かかる**」とか言うことがある。国語や英語の授業でこういうことばが出てくると、なんだかむずかしそうに聞えるかもしれないけれど、ふだんだれでも無意識にやっていることなんだ。たとえば、さっきの文を「たけるは『麻友子がその本をきのう買った』と言った」という意味にとったとき、「きのう」が「買った」という単語の意味と結びつけられている。つまり、「きのう」が「買った」を修飾しているということになる。

次を考えよう。
太一が好きな少女があそこに立っている。
この文は、「太一が好意を寄せている少女が立っている」という意味にも、「太一のことが好きな少女が立っている」という意味にもとることができるね。ところで、この文とよく似ている次の文はあいまいではない。どうしてだろうか。
太一が好きな東京タワーがあそこに立っている。

次の文はどうだろうか。
ぼくは飼い主に忠実な犬が好きだ。
この文のあいまいさを見抜くのはちょっとむずかしかったかもしれないね。注目すべきは「飼い主に忠実な犬」という部分だ。まず、猫よりも犬が好きだという愛犬家が、その理由を聞かれたときの答えとしてこの文が使われた場合を考えてみよう。その人の言いたいことは、犬というのは一般的に飼い主に忠実であるので、(そうではないペットよりも) 好きであるということだ。次に、どういう犬が好きですか、と聞かれたときの答えとしてこの文が使われた場合を考えよう。犬の中には忠実な犬も忠実でない犬もいるけれども、自分は忠実な犬が好きだという意味になるね。

①
太一くん

②
ああ、ぼくは好きな女の子ができてしまった！

③
好きなの

④
なまえをしらないんだ
バタバタ

⑤
太一くん
すきだ‥

あたしは すてきな バレリーナー
ゴクゴク
アラベスク!
うまいなぁ
え!
あたしのおどり
そんなにじょうず?
え?
ビールがうまいって
言ったんだ。
お父さんは気をつけるべきです

さて、以前新聞に次のような投書が載ったことがある。

　近所の魚屋さんに買い物に行ったときのことです。若いおかあさんと４歳ぐらいの子どもが魚を選んでいました。すると、子どもが魚の切り身にさわろうとしました。お母さんは大声で、
　「きたないからさわっちゃだめ！」
と言いました。それを聞いた魚屋さんはかんかんになって、「きたない魚を売っているというなら、もう買いにこないでくれ」と言いました。おかあさんは言い方にもっと気をつけるべきだったと思います。

　これを読んでどう思うかな？　その投書が載ってから数日後、こんな投書が載った。

　そのおかあさんは子どもに「その魚はきたないからさわっちゃだめ！」というつもりで言ったのではなく、「あなたの手はきたないからさわっちゃだめ！」というつもりだったのではないでしょうか。

　わたしたちはあいまいな文を耳にしたとき、それがあいまいであることにいつも気づくとは限らない。事実、これまであげた例のうちにも、初めはそのあいまいさが見抜けなかったものも１つや２つはあったのじゃないかな。また、自分で話をするときにも、あいまいな文を気づかずに使ってしまい、誤解を招いたということはないだろうか。気をつけていないと、いまの魚屋さんの話のような誤解（かどうか本当のところはわからないけれど）が起きてしまうことがあるかもしれない。

探検3 茶色い目の大きな犬を飼っている宇宙人

あいまいな文 ③

1. UFO見たいな〜

2. やっぱり宇宙人も犬を飼っているのかな？
   ‥‥うん ありえるな

3. 宇宙人の犬の目は茶色いかな…？
   いや、宇宙人の目が茶色いかな？

   地球の犬より大きいかな？いやそもそも宇宙人って大きいのかな‥？

あいまいな文の探検を続けよう。これまで見たあいまいな文は2通りの意味にとれるものだったが、3通り以上の意味にとれるあいまいな文もある。次の文の意味を考えてみよう。

茶色い目の大きな犬を飼っている宇宙人が立っている。

　この文について何通りの意味に気づくことができるだろうか。

　この文のあいまいさは、「茶色い目の大きな犬を飼っている宇宙人」という部分に原因があることは、なんとなくわかるはずだ。そこで、その部分に注目しよう。意味のとり方によって、「茶色い」というのが犬についてであったり、宇宙人についてであったりすることに気がついたかな？　また、「茶色い」のが目であったり、体であったりすることにも気づいたかな？　同じことが、「大きい」についても言える。そこで、

「茶色い」というのは犬についてのことなのか、宇宙人についてのことなのか？
「茶色い」のは目なのか、体なのか？
「大きい」というのは犬についてのことなのか、宇宙人についてのことなのか？
「大きい」のは目なのか、体なのか？

という具合に整理して考えてみよう。

　まず、「茶色い」というのも「大きい」というのも犬についてのことだと考えてみよう。

　意味1：「茶色い」のは犬の目、「大きい」のは犬の体という可能性が考えられるね。ところで、これからいろいろな意味を考えていくけれど、混乱してしまうといけないので、これからあげる意味を一つずつ絵にしておくよ。意味1を絵にすると右の①のようになるね。

意味2：「茶色い」というのも「大きい」というのも犬についてのことだと考えて、「茶色い」のは犬の体、「大きい」のは犬の目という意味にもとれるね。

意味3：さらに、「茶色い」のも「大きい」のも犬の目という意味もある。

次は、「茶色い」というのも「大きい」というのも宇宙人についてのことだと考えてみよう。

意味4：まず、「茶色い」のは宇宙人の目、「大きい」のは宇宙人の体という可能性がある。

意味5：次に、「茶色い」のは宇宙人の体、「大きい」のは宇宙人の目という意味にもとれる。

意味6：そして、「茶色い」のも「大きい」のも宇宙人の目という可能性もあるよね。

まだ、ある。

意味7：「茶色い」のは宇宙人の目について、「大きい」のは犬の体についてという可能性だ。

意味8：さらに、「茶色い」のは宇宙人の体について、「大きい」のは犬の目についてという意味にだってとれる。
　最後に、こんな可能性に気づくだろうか？

　意味9：宇宙人なんだから、右と左の目の色が違うことだってあるかもしれない。たとえば、右目が茶色、左目が黒、そのうち、茶色い右目だけが大きい宇宙人がいて、その宇宙人が犬を飼っているとしたら、その宇宙人は「茶色目の大きな犬を飼っている宇宙人」！
　9つ全部を考えついた人はいたかな？

ここでちょっと考えてみたいことがあるんだ。「茶色い目の大きな犬を飼っている宇宙人」という表現を目にしたとき（9通りの意味は見抜けなかったかもしれないけれど）、少なくとも何通りかの意味にとれるということはなんとなく気づいたことと思う。たぶん、こんな文を見たのは生まれて初めてだと思うけれど、どうしてそんなことに気づくことができたのだろう？

　それは、みなさんが日本語を知っているからだ。なあんだと思うかもしれないけれど、そこがけっこう大切なんだ。みなさんが日本語を知っているということは、みなさんの頭の中に日本語についてのいろいろな知識がつまっているということだ。その知識のことをこの本では日本語の「**文法**」と呼ぶ。こういう「文法」ならちっともこわいことはないだろう。探検1で、いままで文法嫌いだったという人も、ともかく3回の探検くらいはだまされたと思ってつきあってほしいと言ったのはこういうわけだったんだ。

　日本語を話す人の頭の中に日本語の文法がつまっているように、英語を話す人の頭の中には英語の文法がつまっている。英語を話す人はその文法を使って、たとえば次の文のあいまいさに気づくことができる。

　Old men and women came over.

　この文は、おじいさん達とおばあさん達がやってきたという意味と、おじいさん達と（若いか年寄りかはわからないけれど）女の人達がやってきたという2通りの意味になりうるね。探検2で出てきた「修飾」ということばを使うと、oldが、men and womenを修飾すると考えれば最初の意味が出てくるし、menだけを修飾すると考えると2番目の意味が出てくるというわけだ。

　これまで、いろいろな種類のあいまいな文を見てきた。みなさんも実際に使われていたあいまいな文を探したり、あるいは自分の作品を作ってみてはどうだろうか。また、ことばのもつあいまいさということを念頭に置きながら宮澤賢治の名作『注文の多い料理店』を読むとそのおもしろさが倍増するかもしれない。

探検4 **おおきなかぶ**

一番長い文 ①

日本語の文として**一番長い文**はどんな文だろう？
　正解は、「起きろよ」だ。
　どうしてかって？　だって、文の始めの文字の「起（お）」と文の終わりの文字の「よ」の間が、「きろ」、つまり１キロメートルもあるからだよ。
　冗談、冗談。そう言えば、英語でも似たようなジョークがあるんだ。
「一番長い英語の単語は何でしょう？」
「わからないなあ」
「smiles さ。最初のｓと最後のｓの間が mile（１マイル）もあるからさ」
　さあ、まじめにやろうか。まず、次の話を読んでほしい。

　おじいさんが庭にかぶを植えたらとってもおおきなかぶができました。抜こうと思って、
　おじいさんがかぶをひっぱった。
でも、ひとりではとっても抜けない。そこで、おばあさんを呼んできました。
　おばあさんがおじいさんをひっぱって、おじいさんがかぶをひっぱった。
それでもかぶはびくともしない。こんどはまごを呼んできました。
　まごがおばあさんをひっぱって、おばあさんがおじいさんをひっぱって、おじいさんがかぶをひっぱった。
　それでもかぶはびくともしない。こんどはいぬを呼んできました。…というぐあいだ。これはロシア民話の『おおきなかぶ』という話だけれど、この話ではいぬが手伝ってもだめで、さらにねこを呼んできてもだめ。最後にねずみを呼んできて、そこでやっとかぶが抜けることになっている。これらの文を比べると、どんどんと長くなってきているね。
　もしなるべく長い文を作るということだけを考えているのであれば、そこでかぶが抜ける必要はないよね。まだまだ抜けなくて、
　プロレスラーが空手家をひっぱって、空手家がすもうとりをひっぱって、すもうとりがねずみをひっぱって、ねずみがねこをひっぱって、ねこがいぬをひっぱって、いぬがまごをひっぱって、まごがおばあさんをひっぱって、おばあさんがおじいさんをひっぱって、おじいさんがかぶをひっぱった。

なんていうのがあったっていいよね。

でも、もっと長くすることだってできる。そうなりゃ、白雪姫もおやゆび姫もかぐや姫もみんな呼んでこよう。でも、もっともっと長くできるよ。エエイ、こうなりゃダンプカーも、クレーン車も、トラクターも呼んできちゃえ。まだまだ長くできるよね。でも、もう、うんざりだね。だれかが、これが一番長い文だと言ったら、その前に、もう一つ「（だれか）が（だれか）をひっぱって」というのをつければ、もっと長くなるんだものね。つまり、**きりがない**というわけさ。

一番大きな数はいくつだと聞かれても困るよね。（何て読むのか知らないけれど）9999999999999999999999999 が一番大きな数だってだれかが言ったら、それに 1 をたした 10000000000000000000000000 はもっと大きいよと言えるものね。そして、それに 1 をたせばさらに大きな数になる。つまり、きりがないんだよね。上の話もそれと同じ。日本語の文はいくらでも長くできるんだ。「無限」っていうことばを思い出した人もいるかもしれないね。そのことばを使って言えば、日本語の文は無限に長くできるんだ。

無限に長くできると言ったって、実際は程度というものがあって、ある程度以上長い文なんて使わないよね。しゃべっているのなら口が疲れちゃうし、書いているのなら手が疲れちゃうものね。でも、ここで問題にしているのはそういう実際の話ではなく、長くしようと思えばいくらでも長くすることができるという**可能性**の話なんだ。

最初の文から始まって最後はずいぶん長い文ができたけど、これらの長い文にはいろいろな出来事についての説明が並べてある。初めのほうだけ見ておくと、「プロレスラーが空手家をひっぱった」という出来事が書いてあって、次に「空手家がすもうとりをひっぱった」ということが書いてある。そういう出来事が横一線に並んでいるというわけだ。文を長くするときには並べる出来事の数を増やしていけばいいんだね。でも、横一線に並べるのはなにも出来事だけでなくてもいいんだよ。たとえば、人やものの名前（「名詞」って呼ぶんだ

1
よいしょ
2
よいしょ
3
よいしょ
4
よいしょ　よいしょ　よいしょ！
いま
たすけに
いくよ
5
よいしょ　よいしょ　よいしょ！！
まだ
ぬけないよ
たすけて！

⑥ よいしょ よいしょ よいしょ　　「おう たすけるぞ」

⑦ よいしょ よいしょ よいしょ　　「だれか たすけにこい！」

⑧ よいしょ よいしょ ……きりがないよ　　「わし つかれた」

けどね）だっていいんだ。ほら！
　一郎がやってきた。
　一郎と二郎がやっきた。
　一郎と二郎と三郎がやってきた。
　一郎と二郎と三郎と四郎がやってきた。
　いくらでも長くできるね。

　さて、こんどは最初の文をこんな形に変えてみよう。
　おじいさんがひっぱったかぶはこれです。
これをもう少し長くしてみようか。
　おばあさんがひっぱったおじいさんがひっぱったかぶはこれです。
もっと長くしたいかな？
　まごがひっぱったおばあさんがひっぱったおじいさんがひっぱったかぶはこれです。
なにか予感がしないかな？　そう、これまたきりがないんだ。たとえば、
　プロレスラーがひっぱった空手家がひっぱったすもうとりがひっぱったねずみがひっぱったねこがひっぱったいぬがひっぱったまごがひっぱったおばあさんがひっぱったおじいさんがひっぱったかぶはこれです。
これだってさらにもっともっと長くできるよね。

　長い文の話で疲れただろうから、ひとまず今回の探検は終わりにしよう。でも、一番長い文の探検は次へ続くよ。

探検5 これはジャックの建てた家

一番長い文 ②

1. 隊長は列車の中でお弁当を買いました。
   「うん うまい」

2. 「このお弁当 おいしいね」
   「そうですか」

3. 「このお弁当は、元気なこどもが追いかけまわしたニワトリを飼っている、やせたおじいさんの大きな畑でとれた野菜を赤いエプロンをしたおばさんがトラックを運転してお弁当屋さんにとどけて、きのうフランスから帰ってきた私のともだちのコックさんがつくった特別なお弁当です」
   「うーん 長いね」

一番長い日本語の文の話を続けよう。探検4で見た例の長い文をもう一度見てみよう。
　プロレスラーが空手家をひっぱって、空手家がすもうとりをひっぱって、すもうとりがねずみをひっぱって、ねずみがねこをひっぱって、ねこがいぬをひっぱって、いぬがまごをひっぱって、まごがおばあさんをひっぱって、おばあさんがおじいさんをひっぱって、おじいさんがかぶをひっぱった。
　いろいろな出来事が**横一線**に並んで、長い文になっているんだったよね。それと比べながら、こんどはもう一つの長い文を見てみよう。
　プロレスラーがひっぱった空手家がひっぱったすもうとりがひっぱったねずみがひっぱったねこがひっぱったいぬがひっぱったまごがひっぱったおばあさんがひっぱったおじいさんがひっぱったかぶはこれです。
　いろいろな出来事が横一線というのとはちょっと違うよね。そこで、この文についてもう少し考えてみることにしよう。
　この文は長いけれど、中心の部分は、
　おじいさんがひっぱったかぶはこれです。
というところだ。この中に「おじいさん」という単語があるけれど、この「おじいさん」に、どんなおじいさんなのかについての説明を付け加えてみよう。
　おばあさんがひっぱったおじいさんがひっぱったかぶはこれです。
　こうすると、かぶをひっぱったおじいさんはほかでもない、おばあさんがひっぱったおじいさんだということがはっきりするよね。
　この「おばあさん」に説明を付け加えることもできる。
　まごがひっぱったおばあさんがひっぱったおじいさんがひっぱったかぶはこれです。
　こうやって説明をいくつもいくつも積み重ねていくと、初めに見た長い文になっていくんだ。**説明を積み重ねるごとに文が長くなっていくって仕掛けさ。**
　イギリスのわらべ歌のことを「ナーサリー・ライム（nursery rhyme）」っていうんだけれど、有名なナーサリー・ライムの中にいま説明した文法の仕組みを利用したものがあるんだ。まず日本語におきかえたものを見てみよう。

これはジャックの建てた家
　これはジャックの建てた家でしこんだモルト
　これはジャックの建てた家でしこんだモルトを食べたネズミ
こうしてどんどん長くなっていく。最後は、
　これはジャックの建てた家でしこんだモルトを食べたネズミを殺したネコをこづいたイヌをつきあげたねじれづののめ牛の乳をしぼったよるべのないむすめにキスしたおんぼろ服のおとこに嫁とりさせたはげあたまのぼうさんを起こしたときをつくるオンドリを飼っている麦の種まくお百姓さん
となるんだよ。
　日本語訳ではなく、もとの英語ではどうなっているか、お見せしよう。

　This is the farmer sowing his corn,
　That kept the cock that crowed in the morn,
　That waked the priest all shaven and shorn,
　That married the man all tattered and torn,
　That kissed the maiden all forlorn,
　That milked the cow with the crumpled horn,
　That tossed the dog,
　That worried the cat,
　That killed the rat,
　That ate the malt
　That lay in the house that Jack built.

　少しむずかしい単語も入っているし、文の組み立て方についてもちょっと複雑な仕組みが含まれている。でも、この文を見ると、各行の最初にthatを置いて文を重ねていることに気づくだろう。英語の授業で「関係代名詞」というのを習っていたら、このthatがまさにその関係代名詞なんだ。ついでに、さっきの日本語訳と比べてみると、出来事の述べ方が逆になっているね。このあたりの世界はもう少しあと（探検13）で改めて探検するのでお楽しみに。
　ところで、さっきの隊長訳は直訳ぽくってわらべ歌としてはちょっと味気ないので、百々佑利子さんによるとてもすてきな訳を添えておこう。

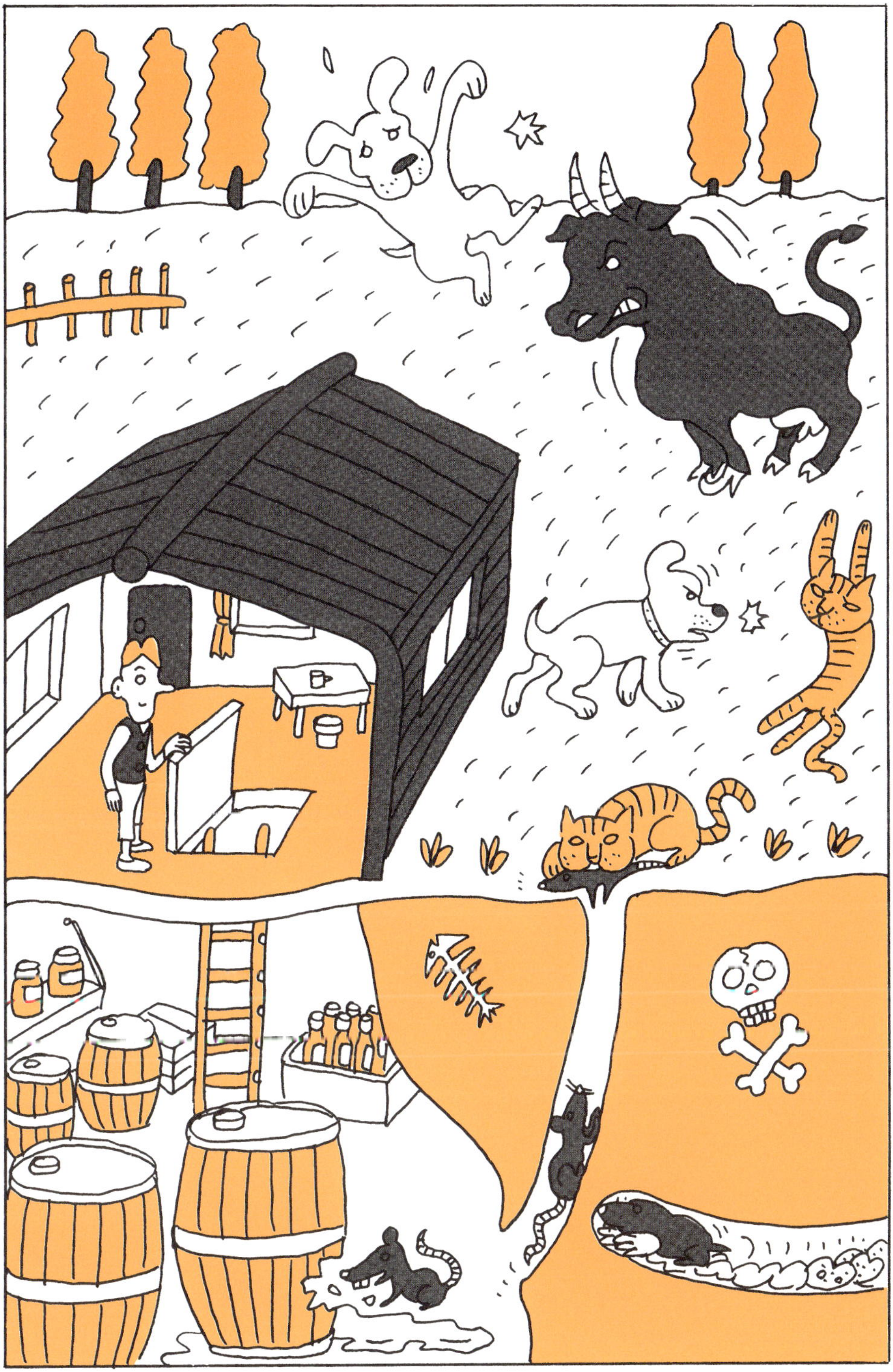

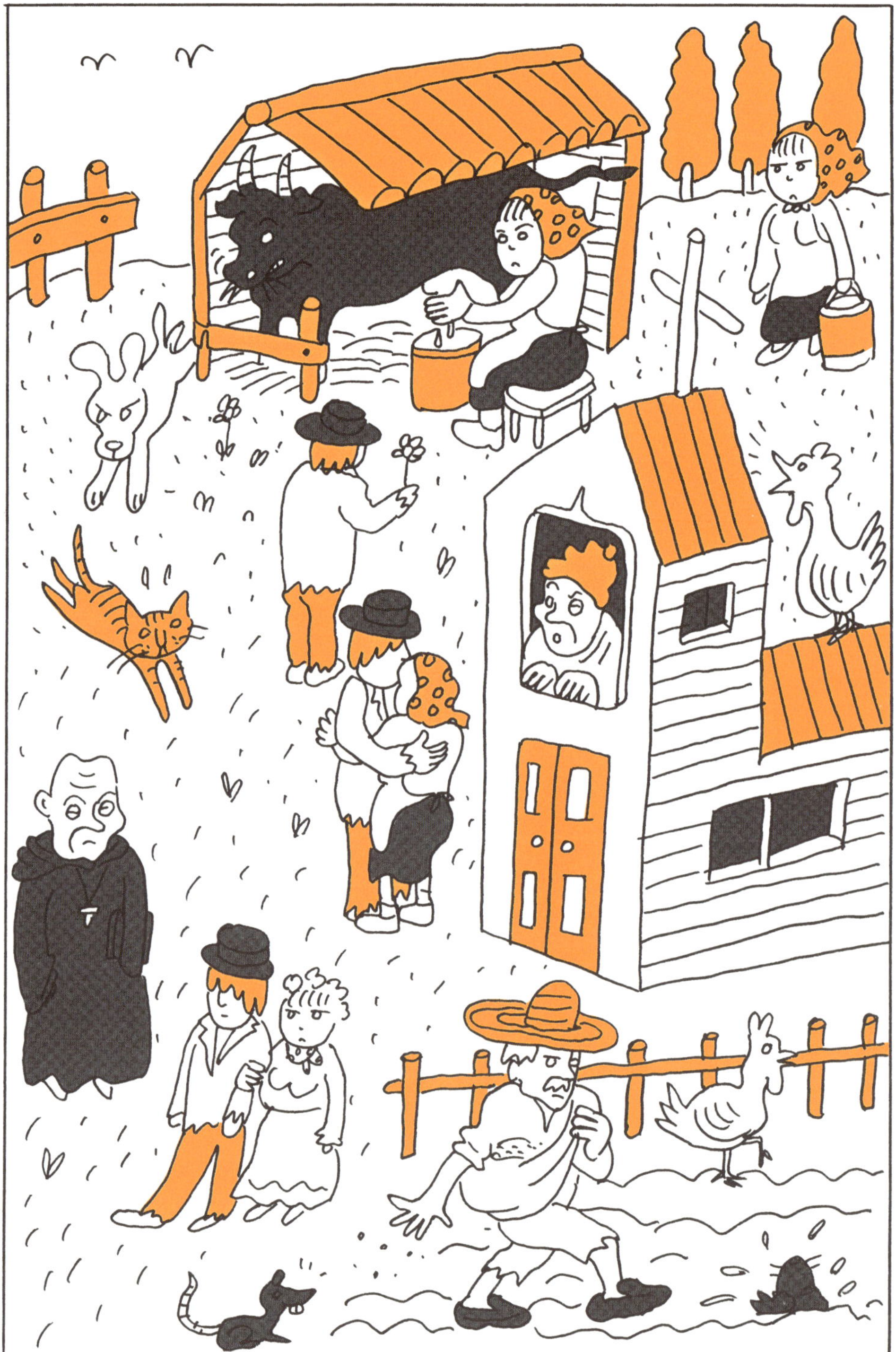

これはムギのたねまくおひゃくしょうさん、おひゃくしょうさんが
かっている　ときをつくるオンドリが
おこした　はげあたまのぼうさんが
よめとりさせた　おんぼろふくのおとこが
キスした　よるべのないむすめが
ちちをしぼった　ねじれづののメウシが
つきあげた　イヌが
こづいた　ネコが
ころした　ネズミが
たべた　モルトを
しこんだ　ジャックのたてたいえ。
(『マザーグースとあそぶ 本』ラボ教育センター、1986 年)

探検6 バナナワニとワニバナナ

名詞と名詞をくっつける

1. なんとなく歩いていくと

2. おや これは なんだろう？ ウム スッ

3. これは ウマキノコ ウマに にている キノコです
   へー 知らなかった

4. ちなみに あれは キノコウマ キノコに にている ウマです
   ヒヒン
   ほう

今回から新しい世界の探検です。
　この箱の中に「バナナワニ」が入っていますと言われた。さて、いったんどんなものが入っているんだろうか？　あるいは、もし、この箱の中に「ワニバナナ」が入っていますと言われたらどうだろうか？

　もう大分前になるけれど、百合ちゃんという小学生の女の子とそのおかあさんといっしょに伊豆へ車で出かけたことがあるんだ。熱川という温泉場にさしかかったとき、百合ちゃんが、「おじちゃん、バナナワニってなあに？」と聞くんだ。思わず「えっ」って聞き返しちゃったよ。「バナナワニ」なんて聞いたことなかったからさ。すると、百合ちゃんは「おじちゃん、あそこ、あそこ」と言いながら正面に見えてきた大きな看板を指さしたんだ。そこには**「熱川バナナワニ園」**と書いてあった。「園」と書いてあるから、植物園とか動物園のようなものではないかなと思ったけれど、なんだかおもしろそうなのでそこに寄っていくことにした。入口で入場料を払い、園に入ってみると案内図があった。なあんだ、そこはバナナの生い茂ったバナナ園といろんなワニのいるワニ園が合体したところだったんだ！

　まあ、それはともかく、**「バナナワニ」**だなんてことばは辞書を引いても出ていないけれど、でもなにかの種類のワニだと思ったんじゃないだろうか？バナナのような黄色っぽい体色のワニとか、バナナのような形の頭（顔っていうのかな？）をしたワニ、とかね。食べるとバナナみたいな味のするワニだなんて考えた食いしん坊もいたかもしれないね。
　一方、「ワニバナナ」と言われたら、ある種のバナナだと思うだろう。ワニ皮のような模様のあるバナナとか、ワニが喜んで食べるバナナだとか。
　「ワニ」とか、「バナナ」のように物を指すことばを「名詞」と呼ぶんだ。日本語ではある名詞（たとえば「バナナ」）ともう一つの名詞（たとえば「ワニ」）をつなげると、あとにくる名詞のもつ意味を中心にする新しい名詞ができるんだ。その意味で、あとにくる名詞の意味が中心になると言ってもいいかもしれない。だから、「バナナワニ」はワニ、「ワニバナナ」はバナナだ。

最初の名詞の方だけれど、これは言ってみれば、あとの名詞が示すものの意味を限定する働きをするんだ。たとえば、「バナナワニ」はワニだけれど、バナナがもっている性質をなんらかの意味で持っているワニということになる。「なんらかの意味で」と言ったけれど、「バナナのような黄色っぽい体色のワニ」「バナナのような形の頭をしたワニ」「食べるとバナナみたいな味のするワニ」という上の例からもわかるように、バナナのもっている性質をなんらかの意味で持ったものでありさえすればよいということだ。だから、みなさんの想像した「バナナワニ」「ワニバナナ」は上にあげた例とは違ったものであったかもしれないね。「バナナワニ」「ワニバナナ」以外にも、同じような例を考えてみてください。

　ところで、「バナナ」と声に出して言ってみよう。
　　バナナ
のように最初の「バ」のところが高く、「ナナ」は低くなっているのがわかっただろう。こんどは、「ワニ」って発音してみよう。
　　ワニ
のようになったね。
　日本語では単語を発音するときに高低が決まっているんだけれど、その高低のことを「**アクセント**」と呼ぶんだ。ここではアクセントが高い音をオレンジ色で表しておくよ。
　ところで、学校の英語の時間にも「アクセント」ということを習ったと思う。たとえば、
　　yésterday
という単語は yes という部分にアクセントがあるとか。それは、その部分を他の部分より強く発音するという意味だったね。
　次の2つの単語は同じつづりだけれど、どこにアクセントを置くかによって意味が違ってしまう。
　　permít（許可する、動詞）
　　pérmit（許可、名詞）

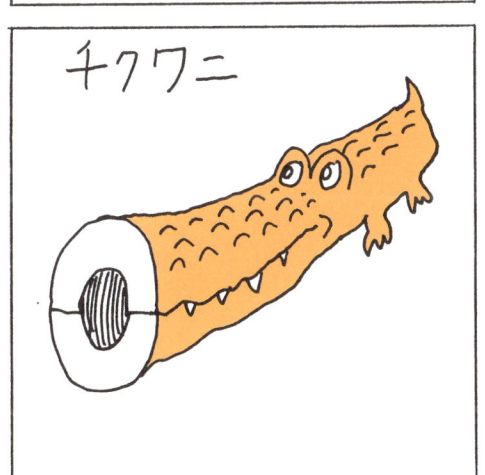

バナナワニ	イチゴワニ
チクワニ	タイヤワニ
スイカワニ	ドラムワニ

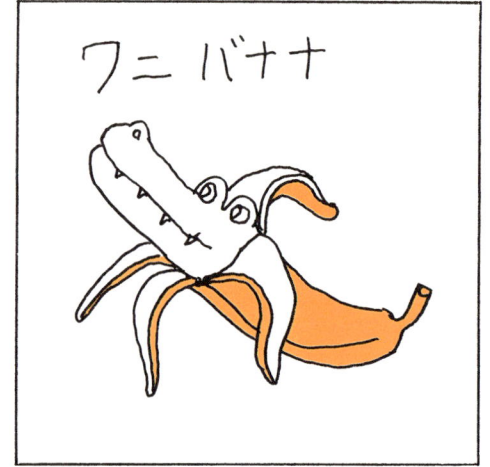

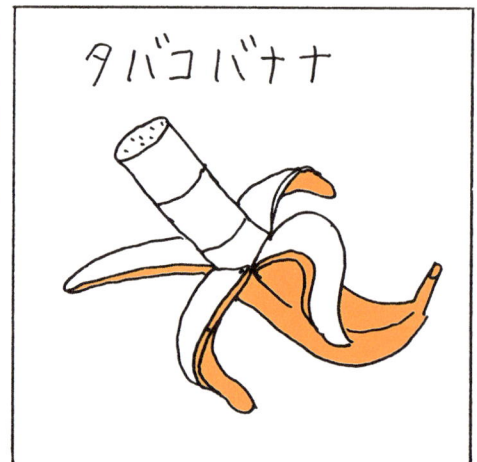

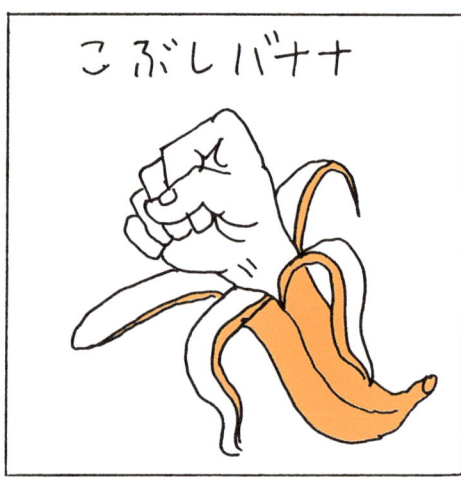

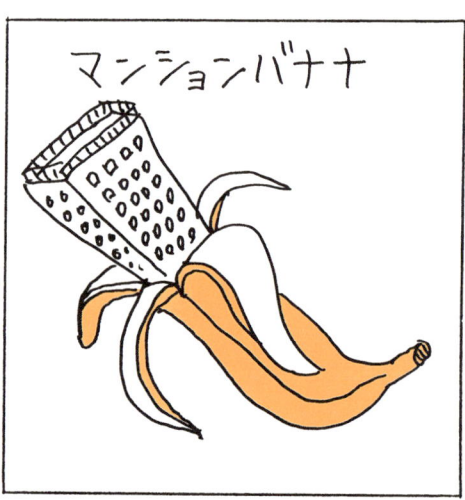

ワニバナナ	タバコバナナ
ヒトバナナ	こぶしバナナ
いれバナナ	マンションバナナ

いま見たように日本語は高さの違いでアクセントを表現し、英語は強弱でアクセントを表現する。日本語みたいのを**ピッチ・アクセント**、英語みたいのを**ストレス・アクセント**と呼ぶことがある。
　日本語の話に戻って、さっきの「バナナ」と「ワニ」をアクセントをそのままにしてくっつけてみよう。
　バナナワニ
なんだか、おかしいでしょ。みなさんは、ここまで、
　バナナワニ
のように発音していたんじゃないかな。
　実は、これは日本語の文法のせいなんだ。日本語の文法（みなさんの頭につまっている日本語の知識のことだよ。忘れてしまった人は探検3を見てください）には、
　1つの単語の中で、アクセントの谷間があってはならない
という約束事が入っているんだ。だから、さっきの「バナナワニ」のようにするとアクセントの谷間ができてしまって不都合なのさ。「バナナワニ」のようにすれば谷間はないでしょう。
　「ワニバナナ」の場合も同じだ。自分で確かめてみよう。

　でも、すごいと思わない？　みなさんの頭の中にはそういう知識が入っているんだ。**無意識のうちに**だけどね。それで、新しい単語を作るときには、必ずその規則にしたがうんだ。不思議だね。こうなると文法の正体をもっと探ってみたいという気持もわいてくるんじゃないだろうか。
　ところで、「バナナ」と「ワニ」をさっき示したようには発音しないという人もいるかもしれないね。発音の仕方は地方によって違いがあることがあるし、同じ地方の人でも年齢などによって違いがあることもあるものね。その人は自分の発音の仕方で、いまの話をなぞってごらん。それでも、さっきの約束事に違反するようなことは決して起きていないはずだ。

探検7 **大きな太鼓は「おおだいこ」**

連濁のはなし①

突然だけど、太鼓にもいろいろな大きさのものがある。あるものは大きいし、あるものは小さい。大きな太鼓のことを「おおだいこ」、小さい太鼓のことを「こだいこ」って言うね。それを不思議だと思ったことはないだろうか。大きな太鼓は「おおだいこ」で、「おおたいこ」じゃないよね。小さな太鼓は「こだいこ」で、「こたいこ」じゃないよね。でも、たとえば、大きな太鼓なら、「たいこ」の前に「おお」をくっつけたんだから「おおたいこ」のはずなのに。

　また突然だけど、清音と濁音って知っているかな？　か行、さ行、た行、は行の音にはそれに対応する濁った音があるよね。たとえば、か行の「か」「き」「く」「け」「こ」には、それぞれ「が」「ぎ」「ぐ」「げ」「ご」があるね。文字にすると、もとの文字の右肩に点（「濁点」っていうんだよ）を打つから、すぐわかるよね。このとき、もともとのか行、さ行、た行、は行の音を清音、それぞれに対応するが行、ざ行、だ行、ば行の音を濁音と呼ぶんだ。ほかに、「ちゃ」「ちゅ」「ちょ」などにも、「ぢゃ」「ぢゅ」「ぢょ」という対応する濁音がある。

　おまちどおさま。ここでまた太鼓の話に戻るよ。日本語では、「おおだいこ」のように、2つの単語（この場合は、「おお」と「たいこ」）をくっつけて、別の単語を作るとき、もし2番目の単語が清音で始まっているとそれが濁音に変化することがあるんだ。このような変化のことを「連濁」と呼ぶ。

　連濁の例をもっとあげてみよう。

にほん＋かみ＝にほんがみ、ボス＋さる＝ボスざる、ぶた＋しる＝ぶたじる、ほん＋たな＝ほんだな、ゆのみ＋ちゃわん＝ゆのみぢゃわん、ごみ＋はこ＝ごみばこ、はこ＋ふね＝はこぶね

　この連濁というのは日本語のかなり広範囲にわたって見られる現象で、古くから多くの人々が関心をもっていた。その中にはライマン（B. Lyman）さんというドイツ人もいて、いまから100年以上も前の1894年に、この連濁に関する大変優れた論文をアメリカの学会誌に発表したんだ。でも、そのメカニズムの詳細はいまでもよくわかっていない。今回と次回の探検ではそれを承知のうえで、連濁の世界を探検してみることにしよう。

　「びんぼう」と「かみ（神）」をくっつけてみよう。「か」が「が」になって、

全体として「びんぼうがみ」になるね。連濁が見られる。こんどは、同じ「びんぼう」に「しょう（性）」をくっつけてみよう。「びんぼうしょう」。連濁が起こらない。

　では、「びじねす（ビジネス）」と「ほてる（ホテル）」ではどうかな。「びじねすほてる」。連濁しない。

　ちょっと変わった例だと、「空車」というのを「からぐるま」と読むときには連濁あり（「ぐるま」）、でも「くうしゃ」と読むときには連濁なし（「しゃ」）だ。

　いったい、どうしてだろう。くっつけあう最初の単語は同じなのだから、秘密は2番目の単語にあるかもしれないと思った人、才能ありだ。正解は…っと。でも、もう少し考えてくれるだろうか。

　正解は、2番目の単語が音読みのもの（「漢語」という）とか、外来語のときには連濁が起きない。連濁が起きるためには2番目の単語が訓読みのもの、つまり、もともと日本のことば（「**大和ことば**」とか「**和語**」という）でなくてはならないというわけさ。

　「かみ（神）」は訓読み。だから、連濁が起きて「びんぼうがみ」になる。でも、「しょう（性）」は音読み。だから、「びんぼうしょう」と連濁が起こらない。

　「ほてる（ホテル）」はもちろん外来語。だから、連濁せず「びじねすほてる」。

　「くるま」は訓読み、だから、「からぐるま」。「しゃ」は音読み。だから、「くうしゃ」。

　でも、もともとは漢語や外来語であっても長い間に大和ことばみたいに感じられるようになると、連濁が起きることもある。たとえば、「いろは」と「かるた」（「かるた」って「歌留多」などと書かれることもあって、いかにも大和ことばみたいな風情をかもしだしてるでしょう。でも、実はもともとはポルトガル語 carta なのだ）をいっしょにすると、…。ほら！　「いろはがるた」。そういえば、この間、入ったそば屋さんで大盛りのカレーライスを注文したら、「おおがれー、いっちょう！」って言ってたよ。隊長には「おおがれー」は魚

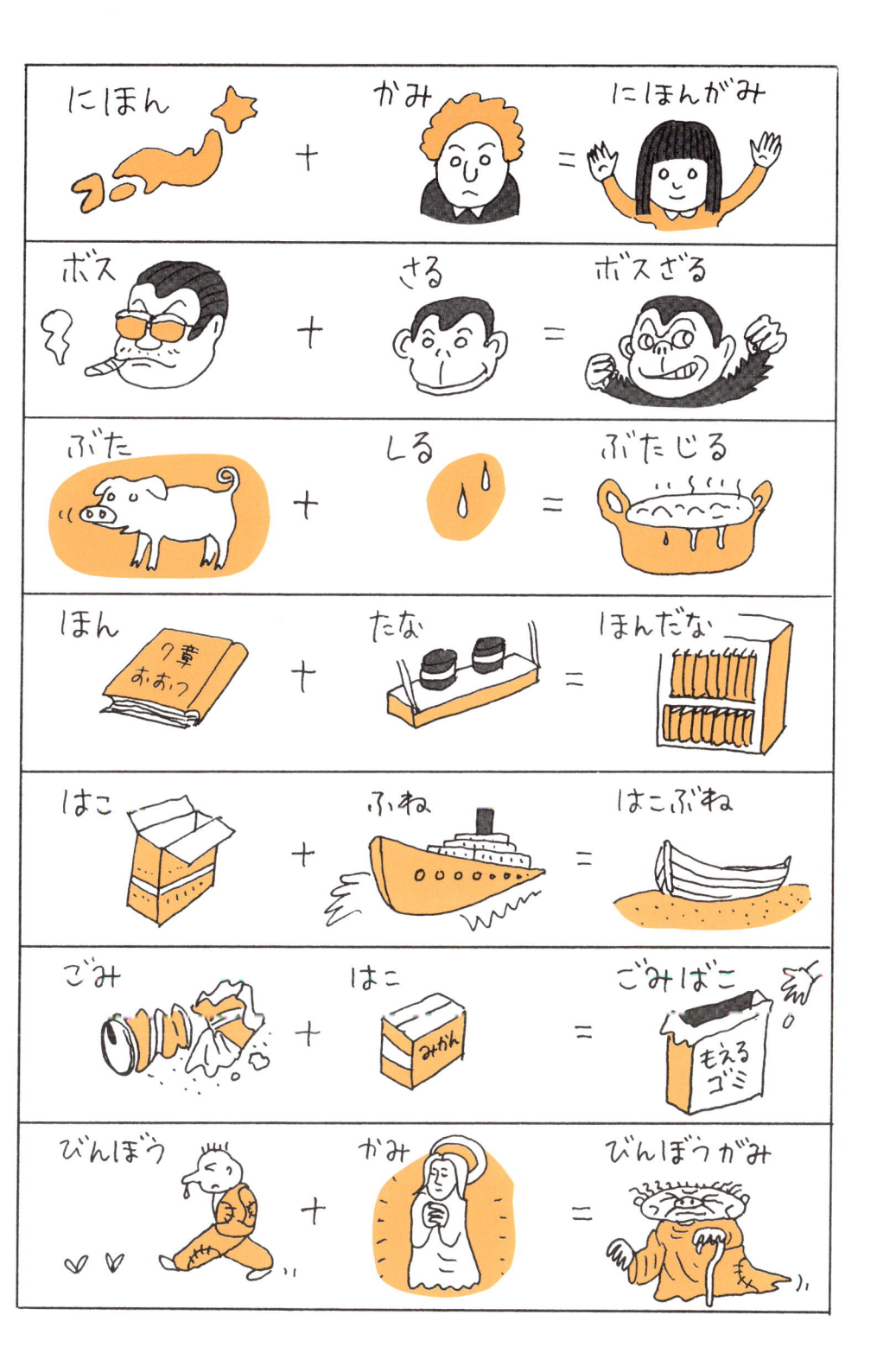

にほん +	かみ =	にほんがみ
ボス +	さる =	ボスざる
ぶた +	しる =	ぶたじる
ほん +	たな =	ほんだな
はこ +	ふね =	はこぶね
ごみ +	はこ =	ごみばこ
びんぼう +	かみ =	びんぼうがみ

のカレイの大きなものにしか聞こえなかったけどね。

　さて、こんどは「じゅず（数珠）」と「たま」をくっつけよう。「じゅずだま」。連濁ありだ。では、「じゅず」と「つなぎ」では？　正月休みやお盆の前後の高速道路は車の「じゅずつなぎ」。あ！　連濁なしだ。
　「きた（北）」と「かわ（側）」で「きたがわ」。連濁あり。でも、「きた」と「かぜ」で「きたかぜ」。連濁なし。
　「やまと」と「たましい」で「やまとだましい」。連濁あり。ところが、「やまと」と「ことば」では「やまとことば」。連濁なし。
　2番目の単語は「つなぎ」「かぜ」「ことば」と大和ことばにしてあるのに、どうしてそのときは連濁しないんだろう。よりによって、その「やまとことば」ということばも連濁なしだ。なにか法則があるのだろうか？
　正解は、2番目の単語にもともと濁音が入っていたら連濁は起きない。たとえば、「ことば」にはもともと「ば」という濁音が入っている。だから、「やまとごとば」とはならないというわけだ。この規則性はさっきのライマンさんの発見と言われていて「ライマンの法則」なんて名前がついている。ライマンの法則には例外がほとんどないのだけれど、わりによく使う表現で、この例外となるのは「はしご」だ。もともと濁音（「ご」）があるくせに、「なわ」と「はしご」で「なわばしご」。「つり（吊り）」と「はしご」で「つりばしご」。新しい単語を作ってみようか。紙で作ったはしごなら、それは「かみばしご」ということになる。

　この間、食べることが大好きな太一君に会ったら、「おじちゃん、きのうにせたぬきじるを食べさせられちゃった」と言ったんだ。そしたら、隣にいたおかあさんの環さんが、「太一、あれはにせたぬきじるじゃなくて、にせだぬきじるよ」と言うんだ。なんだかわけがわからくなっちゃって、いっしょにいた言語学者のおとうさん、典昭さんに聞いたら、「ああ、それはですね」と言って物知り顔で次のように解説してくれたんだ。「『にせたぬきじる』っていうのは、たぬきじるだってことだったけれど、実はたぬきじるではなく、そのに

せものだったというときに使うんです。でも、『にせだぬきじる』っていうのは、たぬきのにせもの、つまり、にせだぬきから作った汁を指すときに使うことばなんですよ。」なるほど！　でも、どうして片方は「にせたぬきじる」で、もう片方は「にせだぬきじる」なんだろう、と言いかけたら、いっしょにいた麻友子ちゃんが「そんなのどうでもいいから、たぬきじる食べにいこう」。でも、みなさんは次の探検までにその謎ときに挑戦してみてください。

探検8 「にせたぬきじる」と「にせだぬきじる」

連濁のはなし②

1. コトバノ世界ハ奥深イノ〜 / ライマンさん / そうですね〜

2. ワタシ、本当ハ地質学調査ノタメニ日本ニ来タノデスガ…コトバノ世界ガ楽シクテネェ〜 / なるほど

3. 今デハワタシノ発見シタ連濁ノキマリヲ「ライマンノ法則」ト呼ブンダ ワッハハハ / ぼくだって発見したんです「にせたぬきじる」と「にせだぬきじる」。このちがいわかりますか

4. つまりにせたぬきというのは…… / あれ 先生！もうねむるんですか！ / グーズー

またまた、突然だけど、「逆引き辞典」って知っているだろうか？　普通の辞典だと、単語の始めの部分からあいうえお順に並んでいるよね。逆引き辞典では、単語の最後の部分からあいうえお順に並んでるんだ。たとえば、いま手元にある逆引き辞典で「ぜか」と引くと、「かぜ」で終わる単語がずらっと並んでいる。

　「おいかぜ」「むかいかぜ」「ゆうかぜ」「おおかぜ」「しおかぜ」などなど。ね、どれをとっても前の探検で見たライマンの法則にしたがっているだろ。逆引き辞典ってこんなぐあいにことばの成り立ちを調べるときにとても役に立つ。このほかの利用法もたくさんあるし、とにかくながめているだけでも楽しくなるので、ぜひ一度図書館などで手にとってみてください。それから、電子辞書の多くは逆引き辞典を引くのと同じことができる。電子辞書を使う人にはお薦めだ。

　ついでに言っておくと、英語の逆引き辞典っていうのもある。日本でも学習用のものが出版されている。というのは、英語の逆引き辞典は学習者にもとても役に立つからだ。例をあげよう。-ness が happy（しあわせな）とか clever（かしこい）といった単語の後ろにつくと、たとえば happiness とか cleverness とかいう別の単語ができる（-ness は単語の後ろにつくので「接尾辞」と呼ぶことがある）。でも、それはどんな種類の単語の後ろにもつくことができるというわけじゃないんだ。たとえば、run（走る）のあとについて runness だなんて言わないものね。じゃ、どんな種類の単語のあとならつくことができるのかな。そこで、逆引き辞典の登場というわけだ。答えは、この探検の最後につけておくね。

　このほかに、英語の逆引き辞典はアクセントの位置を覚えるときなどにも役に立つ。詳しくは学習用の逆引き辞典の解説を見てください。

　前の探検 7 でやったことを思い出してみよう。まず、ある単語と別の単語が結び付いて新しい単語を作るとき、2 番目の単語が清音で始まっていると、それが濁音化することがある（例：「こだいこ」）。この現象を「連濁」と呼ぶ。連濁が起こるためには 2 番目の単語について条件があって、(a) 訓読みのこと

ば（大和ことば）でなくてはならないこと（例：「びんぼうがみ」対「びんぼうしょう」）と、(b) もともとは濁音を含んでいないこと（例：「じゅずだま」対「じゅずつなぎ」）の２つを考えたね。２番目の条件は、その発見者と言われる人に敬意を払って「ライマンの法則」と呼ばれるんだったね。

　さて、前の探検での謎。にせもののたぬきから作った汁は「にせだぬきじる」で、たぬきじるのにせものは「にせたぬきじる」……これはどうしてか、という話だったね。いいアイディアが思い浮かんだかな？　いずれの場合も、「にせ」と「たぬき」と「しる」という３つの単語が結び付いている。ただし、３つをいっぺんに結び付けることはできない。ものには順序というものがあるからね。にせもののたぬきから作った汁なら、もちろんまず「にせ」と「たぬき」を結び付ける。すると、…そう「にせだぬき」ができる。２番目の単語の「たぬき」は訓読みだし、濁音を含んでいないから連濁が起きるんだ。次は、「にせだぬき」と「しる」を結び付ける。こんどはどんな単語ができるかな？　うん、「にせだぬきじる」だよね。２番目の単語の「しる」も訓読みだし、濁音を含んでいないから連濁が起きる。
　もう一方のたぬきじるのにせもののほうはどうかな？　こんどは、「たぬき」と「しる」がまず結び付く。できる単語は「たぬきじる」。２番目の単語の「しる」は訓読みだし、濁音を含んでいないから連濁が起きるよね。さて、ここからがお立ち会い！　次は、「にせ」と「たぬきじる」を結び付けるんだ。２番目の単語は「たぬきじる」。もう、わかったかな？「たぬきじる」は訓読みだけれど、濁音を含んでいるだろ。「じ」さ。だから、ライマンさんの発見したところにしたがって連濁は起きない。だから、できあがる単語は「にせたぬきじる」というわけだ。
　実は、「にせだぬきじる」だとか「にせたぬきじる」だとかいう単語は、ほかならぬこの隊長が30年近く前にある論文を書くために自分で作り出したものなんだ。それで、連濁の問題に取り組んでいる言語学者にはおなじみの単語なんだけれど、みなさんは初めて耳にしたことと思う。そうであっても、みなさんは「にせだぬきじる」と「にせたぬきじる」の区別ができたはずだ。それ

かしこまりました にせだぬきじるで ございますね
そう
どうぞ
ウム
おいきみ こりゃ にせたぬきじるだよ
は
失礼しました にせだぬきを忘れて おりました。
フム

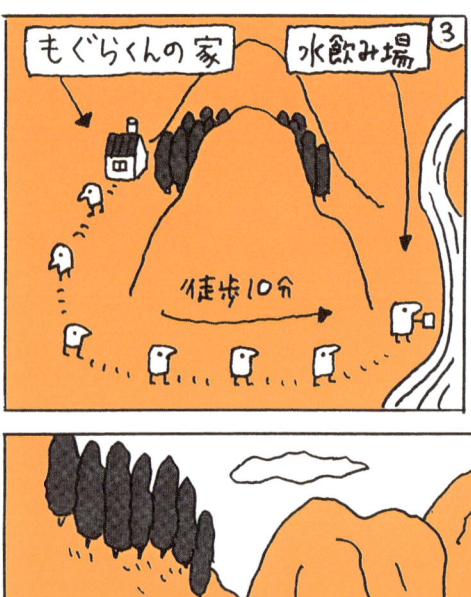

① まえから思っていたのだが
トテ トテ

② ここまで水を飲みにくるのはめんどくさいな
ゴクゴク

③ もぐらくんの家　水飲み場　徒歩10分

④ そうだ！やまがわにしよう
ペチ

⑤ フー　もぐらでよかった

は、みなさんの頭にいつのまにか入っている日本語文法という知識（覚えてるかな？）のおかげなんだ。こうやって、法則にしたがって考えていることを知らずに、「にせだぬきじる」と「にせたぬきじる」を区別しているなんて、すごいでしょ！

いまのとまったく同じ理由で、「ぬりばしばこ」と「ぬりはしばこ」の違いも説明できる。やってみてください。

もう少し連濁の世界の探検を続けよう。

「やま」と「かわ」をつなげると、「やまかわ」と「やまがわ」という2つの形が現れる。でも、意味が違うよ。「やまかわ」は山と川のこと、「やまがわ」は山を流れる川のことだ。「やまかわ」のように2つの単語を結び付けることによって、それぞれの単語の表す意味を「と」で結んだ意味（たとえば、「山と川」）をもった単語ができるときには連濁は起きない。ほかにも、「くさき」（草と木）とか「たはた」（田と畑）などがある。

でも、前回ちょっと触れたように、連濁の世界は奥深く、どろどろとした部分も多く、まだだれも到達できていない部分もたくさんある。たとえば、隊長の名前は「おおつ」で、「おおづ」ではない。なぜかと言われても、わかーんない、としか言いようがないんだ。ちなみに、滋賀県の大津は「おおつ」だけれど、熊本県には「大津」と書いて「おおづ」と読むところがあるね（アクセントが違うよと言った人、さすがだ！）。

(-ness について)
【-ness がつくことができるのは形容詞の後ろだけ。もう一つ例をあげれば、sad（さみしい）＋ ness ＝ sadness（さみしさ）。ちょっと変わったところでは、busy（いそがしい）＋ ness ＝ business（仕事）。】

探検9　「それ」ってなあに？

代名詞①

さやかさんは日本に初めてきたカナダ人のブレンダを家電製品の安売り店に案内した。お目当てのCDプレーヤーを買った帰り道のこと、ブレンダは日本語はほとんど知らないんだけれど、とても好奇心旺盛でいろんなことを質問してきた。

　What's "E-KI"?

学校やラジオなどで英語を勉強中のさやかさんには、簡単、簡単。

　"E-KI" is "station".

おっと、またきた。

　What's "KO-O-HII"?

笑っちゃうね。もとは英語でも、こんなに日本語っぽくなっちゃうと、カナダ人もびっくりか。でも、落ち着いて、

　That's "coffee".

これには、ブレンダも大笑い。

さやかさんがガーンときたのはその直後。

　What's "SO-RE"?

　実は、さやかさんがさっき帰り道で友達に会ったとき、「きょう、ふたりで買い物に行ってきたの。ブレンダがCDプレーヤー買ったのよ」と話したら、友達が、

　それ、いくらだった。

と言ったんです。その「それ」を聞きとったらしい。でも、「それ」ってなあに？　と聞かれてもね。「それ」自体に意味はないし、「CDプレーヤーのことよ」と言えば一応逃げられるけど、家に帰ったところで、おかあさんにCDプレーヤーを見せながら、ブレンダが、

　これ、わたしがきょう買ったそれ。

だなんて言ったら、それこそ「なにそれ？」っていうことになっちゃうしね。

　こんどは気分を変えて『西遊記』の話。その中に、次のような文が出てくる。

　悟空は体の毛を1本ぬきますと、それを『ねむり虫』に変え、弟子たちのおでこをハリでさしてくるよう、しむけました。（舟橋克彦訳、集英社）

　みなさんはこの文をなんの問題もなく理解することができる。でも、ここで

ちょっと考えてもらいたいことがあるんだ。というのは、たとえば、「体」だとか「ハリ」などの単語はそれがどんな意味なのかと聞かれたら、すぐ答えることができるよね。「体」だというのは頭から足の先までの全体のことだし、「ハリ」というのは金属などできている先のとがった細長いものと言えばよい。じゃあ、「それ」はどうかな。「それ」ってなあに、といきなり聞かれても困っちゃうね。

　「それ」っていうことばはとても便利な単語なんだけれど、「体」とか「ハリ」とかいうことばとは違って、そのことばだけでなにかを意味したりすることができないんだ。だから、「体」や「ハリ」と違って、「それ」を辞典でひいても、なにを指すかは書いてない。じゃ、どうするかっていうと、たとえば、上の例文でのように、同じ文の中にある別の単語と結び付いて、その単語がもともと意味するものをちゃっかり拝借するんだ。

　たとえば、ブレンダの例なら「それ」は「CDプレーヤー」という単語と結び付いて、CDプレーヤーを意味する。同じ「それ」でも悟空の例では、「毛」という単語と結び付いて、毛を意味するというわけさ。

　だから、「『それ』ってなあに？」と聞かれても一言では答えられない。場合によって違ってくるからね。ブレンダのWhat's "SO-RE"?　には、にこっと笑って、

　Well, it depends. That's a good question any way.
（場合によりけりよ。でも、なかなかするどいわね。）
とでも答えておけばいいかな。

　「それ」みたいなことばを**「代名詞」**と呼ぶと習ったかもしれないね。文中の名詞の繰り返しを避けるために、その代わりに使われることばだからだ。英語のitも同じようなものだね。

　学校の試験で「『それ』はなにを指しますか」ってな問題が出されることがある。つまり、「それ」はこの文の中のどの単語と結び付いていますか、ということを尋ねているわけだ。ちょっとやってみようか。まず、次の文の「それ」はどうかな。

　意味を知らないでそれを使うと、外来語は誤解を招くことがある。

ぼく 悟空
体の毛を
ぬきます
ポッ
フッ
ムクムク
やや
なんだ！
グフフ
目玉に「それ」って
書いてあるぞ
おまえがなにものか
ぼくにはわからん

① ぼくは いったい なにものだろう

② おや、どこかで、なんだか なつかしい ひびき がする

③ それに酒おおさじ2はい くわえてください

④ それって なあに？
さとうと みずを まぜたもの

⑤ ぼくは さとうと みずを まぜたものなのか

⑥ おーい、きみの名前は 「代名詞」と いうんだよ

もちろん、「それ」は「外来語」のことだよね。注意してほしいのは、いままでの例では「それ」と結び付けられる単語が先に出てきて、あとで「それ」が出てくるよね。でも、この文ではまず「それ」が出てきて、そのあと「外来語」が出てきている。
　次はどうかな？
　ある夏の日の夕方のこと、家の近くの藪で、チーチー鳴いているものがあった。ファーブルは、それが何の声か分からなかった。
　「それ」は「チーチーという鳴き声（あるいは音）」のことだよね。でも、この文には「チーチー鳴いているもの」というのは出てくるけれど、「チーチーという鳴き声」というのは出てきていない。わたしたちは自然に、「チーチー鳴いているもの」ということから「チーチーという鳴き声」というものを頭の中で描き出して、それを「それ」と結び付けているんだろうね。
　もう一つ。
　ここに水１カップがあります。まず、それに砂糖小さじ１ぱいを加えてください。次に、それに酒大さじ２はいを加えてください。
　最初の「それ」は「水（１カップ）」を指すよね。問題は２番目の「それ」だ。単なる「水」じゃないね。そう、「砂糖水」だね。水に砂糖を加えりゃ砂糖水ができるなんて当たり前だよと言うかもしれないけれど、そんなことを計算に入れて、しかも自然に理解しちゃう人間ってすごいと思う。実はコンピュータに同じことをさせるのってとっても大変なんだ。ことばに関係したことで、人間には簡単にできてもコンピュータにはできないことってたくさん残っているんだ。
　では、次の文であきらが見たものはなんでしょう。
　優は昨晩空飛ぶ円盤を見たと言った。稔の話によると、あきらも見たそうだ。
　あきらが見たのは「空飛ぶ円盤」だね。そんなこと、簡単にわかるよね。でも、不思議だ。上の文では「あきらも見たそうだ」としか書いてない。「あきらもそれを見たそうだ」と言うのなら、さっきやったのと同じだけれどね。つまり、「あきらも見たそうだ」の中には、「それ」というようなことばはないけれど、「それ」と同じような働きをしている、目に見えない（耳に聞こえない）ことばがあるとしか思えないんだ。

060-061

探検10 Can you open the window?

依頼の疑問文

さて、話題変わって、友達のオーストラリア人に次のように尋ねられたら、なんと答えますか？

　Can you swim?

簡単、簡単。泳げるなら、

　Yes, I can.

泳げないなら、

　No, I can't.

とまず答えるんだよね。ばかにしないでよ！　と思ってる人に次の質問だ。同じオーストラリア人にこのように尋ねられたら、なんと答える？

　Can you tell me the time?

時計を持ってるなら、

　Yes, I can.

持ってないなら、

　No, I can't.

とだけ答えてすまし顔。そんなふうに答えたら、友達関係がおかしくなっちゃうよね。時計を持ってるなら、おもむろに時計を見ながら、

　Nine fifteen.

とでも言えばいいし、持っていないのなら、

　Sorry, I don't have a watch.

とでも言えばいいんだよね。

　でも、考えてみるとおもしろいよね。Can you tell me the time?は Can you swim?と同じく can を含んだ疑問文なのに、どうして同じように Yes, I can.とか No, I can't.のように答えてはいけないんだろう。

　こんどは、日本語で考えてみよう。友達に、

　泳げる？

と聞かれたら、

　うん、泳げるよ。

とか、

　ううん、実は、泳げないんだ。

とか答えるよね。

　でも、

　いま、何時かわかる？

と聞かれたら、よほどいじわるでないかぎり、

　わかるよ。

とか、

　わからないよ。

とだけ答えることはない。時計を持っているなら、

　いま、9時15分だよ。

とでも言うだろうし、持ってないなら、

　ごめん、時計持っていないんだ。

とでも答えるだろう。

　じゃあ、教室が蒸し暑くなってきたとき、窓際にすわっているあなたに先生が、

　窓、開けられるかな？

と話しかけてきたとき、

　はい、開けられます。

とだけ答えて、すましていたら、「なんてひねくれた生徒なんだろう」と思われてしまうかもしれないね。普通は（つまり、あなたが本当にひねくれているとか、あなたと先生の関係がぎくしゃくしているとか、そんなことがないかぎり）、

　はい。

と言って窓を開けてあげるよね。英語で Can you open the window? と言われたときもまったく同じことだね。

　つまり、このような文は疑問文の形をしているけれど、意味のうえからは疑問文ではないんだ。Can you tell me the time? は「（もし時計を持っていたら）いま何時か教えてください」という意味なんだ。つまり、形は疑問文だけど、意味の上では依頼（頼みごと）をしているんだ。

① まど あけられるかな / はい あけられます

② さかだちも できます / あのな

③ おてだまも できます / えーと

④ うたも うたえますよ / う〜 / わぁ、

①
まど あけられるかな
ハイ

②
かんたん ですよ
ガラッ

③
しめるのも かんたん ほらね
ピシャ

④
しめること ないのに
ラ〜ラ

では、どうして疑問文なのに「窓を開けてください」という依頼の意味をもつんだろう。窓がすごく高いところにあるとか、すごい力持ちでないと開かないとかということがあれば別だけど、そうでなければ、窓なんて簡単に開けられるよね。だから、「窓、開けられるかな？」と先生が言ったとき、「君には窓を開ける能力があるか」だなんてばかなことを聞いてくるはずはない。なにか別の理由があるに違いないと思うわけだ。そういえば、この教室、やけに蒸し暑くなってきたな。ああ、そうか！　先生は窓を開けてくれないかと尋ねてるわけだと考えをめぐらすことになる。そこで、依頼の意味が出てくるという仕掛けさ。普通は無意識のうちにやっていることだけどね。

探検 11 # 敬語は日本語の専売特許？

英語の敬語

日本語の特徴をあげよと言うと、おそらくその回答のベスト3に入るだろうと思われるのが敬語だ。事実、日本語を外国語として勉強している人々にとって敬語はもっともむずかしいことがらの一つだ。では、日本語以外のことばには敬語はないんだろうか？　たとえば、英語には敬語はないのだろうか？　今回の探検はその敬語の世界だ。

　敬語とはなにか？　と聞かれたらなんと答えるだろうか？　簡単に言えば、だれかに対する尊敬の気持を表す言い方といったところかな。たとえば、
　先生が教室でそのテキストをお読みになった。
と言えば、「先生が教室でそのテキストを読んだ」ということに加えて、先生に対する尊敬の気持（敬意）が表されているね。
　わたくしが先生にそのことを申し上げた。
と言えば、「わたくし（話し手）が先生にそのことを言った」ということに加えて、先生に対する尊敬の気持を（話し手が）へりくだった形で表していることになる。
　このように日本語では「お〜になる」とか、「申し上げる」のように動詞などの形をいろいろと変化させた敬意表現がたくさんある。これを敬語と呼んでいるんだ。こういった特徴は必ずしも日本語だけに見られるというわけではなく、韓国語などにも似たような敬意表現が見られるんだ。

　では、英語ではどうだろう。たとえば、本を借りたいとき、
　Lend me this book.（この本、貸して）
と言えば、ちょっとぶっきらぼうだけど、
　Will you please lend me this book?（この本、貸してくれる？）
とか、
　Would you please lend me this book?
（この本、貸してくれるかな？）
と言えば少していねいになる。
　さらに、

Can you lend me this book?（この本を貸してくださる？）
とか、
　Could you lend me this book?（この本を貸してくださるかしら？）
と言うと、相手に対する話し手の敬意が段々とはっきりしてくる。もっとていねいに尋ねたければ、次のように言うこともできるんだよ。
　I wonder if you could lend me this book?
　（この本を拝借できますでしょうか？）

　では、英語にへりくだった表現はないだろうか？　そう、こんなのがあるね。
　Excuse me, but are you Mr. Smith?
　（失礼ですが、スミスさんではございませんか？）
　また、would you のさらにていねいな形である would you mind という表現といっしょにして、
　Excuse me, but would you mind if I close the window?
　（すみませんが、窓を閉めてもさしつかえありませんでしょうか？）
というような言い方もできる。

　このように見てくると、「おっしゃる」のように動詞の形を変化させた敬意表現（敬語）がたくさんある日本語と違い、英語では please のような副詞表現や will you とか would you などの助動詞を含んだ表現などを使って敬意を表すことがわかるよね。英語にも敬意を表す方法をもっているという意味で、敬語は決して日本語の専売特許とは言えないことになるね。

　敬語に限らず、日本語は特殊なことばで、ほかのことばとはちょっと（か、だいぶ）違っていると信じて疑わない人もいるけど、そんなことはないんだ。同じように、英語についても、それがなにか特殊なことばだと思っている人がいる。日本では、英語は外国語の中で圧倒的にメジャーで、学校でもほとんどの人が習う。だから、英語はほかのことばより優れたことばだと思い込んでいる人も多いけれど、決してそんなことはないよ。日本語も英語も人間が身にに

この本、かして
この本、かしてくれる？
この本、かしてくれるかな？
この本をかしてくださる？
この本をかしてくださるかしら？
この本を拝借できますでしょうか

ペラリ ペラペラ
①
すいません、この外人がなんか言ってんですけど
②
こら！「この外人」なんて失礼じゃないか！
③
え！
④
「こちらのかた」と言いなおしなさい
こちらのかた日本語うまいね

つけることのできる数多くのことばのうちの一つにすぎない。あることばがほかのことばにない特徴をもっていることはあっても、あることばがほかのことばより優れているなどということはない。

　さて、道を歩いていて小樽駅への道順を尋ねられたとする。君はあいにく行き方を知らなかった。さいわい、そこへそのあたりの地理に詳しい友人が通りかかったので、その彼女に「こちらのかたが駅においでになりたいそうなのですが」と言うとき、英語でなんて言うだろうか。
　道を尋ねた人を指して（あるいは、見て）、
　He（女の人なら She）would like to go to Otaru Sation.
といっては失礼になるよ。一般に he や she などの（3 人称）代名詞を、その人の目の前でその人自身を指すのに使うのは失礼だと思っていたほうがよい。いまの場合だったら、
　This gentleman（女の人なら This lady）would like to go to Otaru Station.
とでも言うべきだ。

　英語には敬語がないから日本語に比べて楽だという人がときどきいるけど、そんなことはない。今回の探検だけでもわかるように、敬意をどう表すかということは英語学習のうえで一番の難関の一つと言ってもよいくらいだ。

探検12

ひとやすみ

1. つぎは どこへ いこうかな
2. サンドイッチでも たべよう
3. あれ あのこ ひとりかな
4. きみ ひとりかい？
   ええ 外国語の勉強の ため 旅行するのです

探検を始めてからすでにずいぶんたくさんの地方を訪ねてきたね。始めはどこへ何をしに行くのか不安だったかもしれないけれど、もう慣れたころだろうか？　ここらで、ちょっとひとやすみしよう。

　この探検の予備調査に参加してくれた太一君は当時小学校３年生だった。幼稚園のとき、家族といっしょにアメリカへ行っていたそうだ。その太一君からの質問。

　なんで日本にいると日本語がしゃべれるようになり、アメリカにいると英語がしゃべれるようになり、ドイツにいるとドイツ語がしゃべれるようになるんですか。おかあさんに聞いたら、「その国の空気を吸っているうちに、その国のことばがしゃべれるようになるんじゃないの」と言っていましたが、本当ですか。

　いい質問だね。おかあさんのアイディアもなかなかだけれど、アメリカに生まれて、アメリカで育っても、家でおとうさんやおかあさんが日本語で話をしていれば、日本語をしゃべることができるようになる（英語はもちろんだけどね）。太一君のアメリカでの友達の中にも日本語も英語もしゃべることができる子がいたんじゃないかな。でも、その子はアメリカで生まれ育ったんだから、日本の空気は吸っていない。だから、おかあさんの答えは、残念ながらはずれ！

　このおかあさんの答えについて、この探検の予備調査に参加してくれた友達は、もしそんなことがあるのだったら、アメリカの空気を袋に詰めて日本にもってきて、その空気を吸ったら英語がしゃべれるようになるはずだけど、そんなことはあるはずないから、おかあさんの答えははずれだと答えてくれた。そのとおり。

　やはり予備調査に参加してくれた、ますみさんは日本にいれば日本語を「吸う」から日本語が話せるようになり、イタリアにいればイタリア語を「吸う」からイタリア語が話せるようになるのではないかというアイディアを出してく

れた。「吸う」と言っているのは太一君のおかあさんの意見にあわせてくれたからで、普通の言い方をすれば「聞いている」とでもなるところだよね。

　少し補足をしながら言い換えれば、人間は生まれてからある一定の期間、あることばをずっと耳にしていると、その人の頭にそのことばの知識（文法）が身につき、そのことばを使うことができるようになる。そのことばをその人の「母語」という。人間は大抵少なくとも1つのことばを耳にしながら育つけれども、不幸にしてことばをほとんど耳にすることなく育ってしまったという例もごく少数あるんだ。そういう場合、あとからまわりの人が一所懸命ことばを教えてあげようとしても、ほかの人のようにことばが話せるようにはならない場合が多い。
　もう一つだけ覚えておいてほしいことは、生まれてからの一定期間に耳にしたことばであれば、それが何語であっても身につけることができるという点だ。たとえば、両親がいずれも日本語しか話さなくても、なにかの事情でその子どもが両親と離れてイタリアでイタリア語を耳にしながら育つことになったとすると、イタリア語が話せるようになる。つまり、生まれてきた子どもはその後何語を耳にして育つかで、何語でも話せるようになる潜在的な可能性を秘めているということなんだよね。

　みなさんはひとりひとり自分のことばをもっている。大部分の人にとってそれは日本語だと思うけれど、それ以外のことばである人もいるはずだ。自分のことばが何語であって、そのことばについていろいろなことを知っている。それは、そのことばを母語とする人だけがもっている、特権みたいなものさ。でも面倒なのは、「いろいろなことを知っている」と言っても、どんなことを知っているのか、普通は意識されることもないという点だ。母語について知っていることは、みなさんの頭のどこかに潜んでいて、ふだんはそんなものがあることさえ気づかずにいるというわけだ。この探検はそんな知識の正体を楽しみながら探っていこうというねらいなのさ。あ、忘れないうちにもう一つだけことばを確認しておこう。いま出てきた、頭のどこかに潜んでいることばの知識

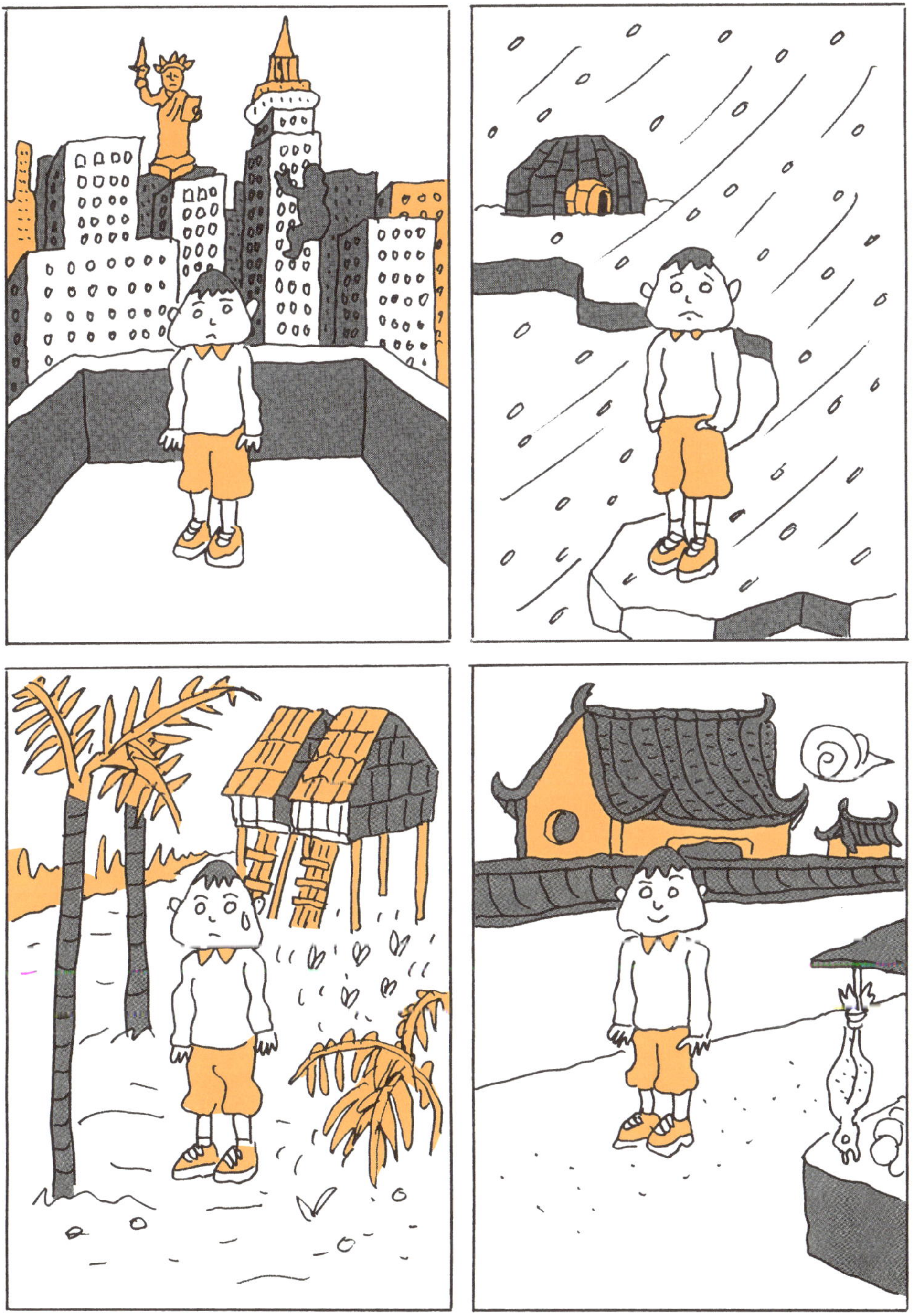

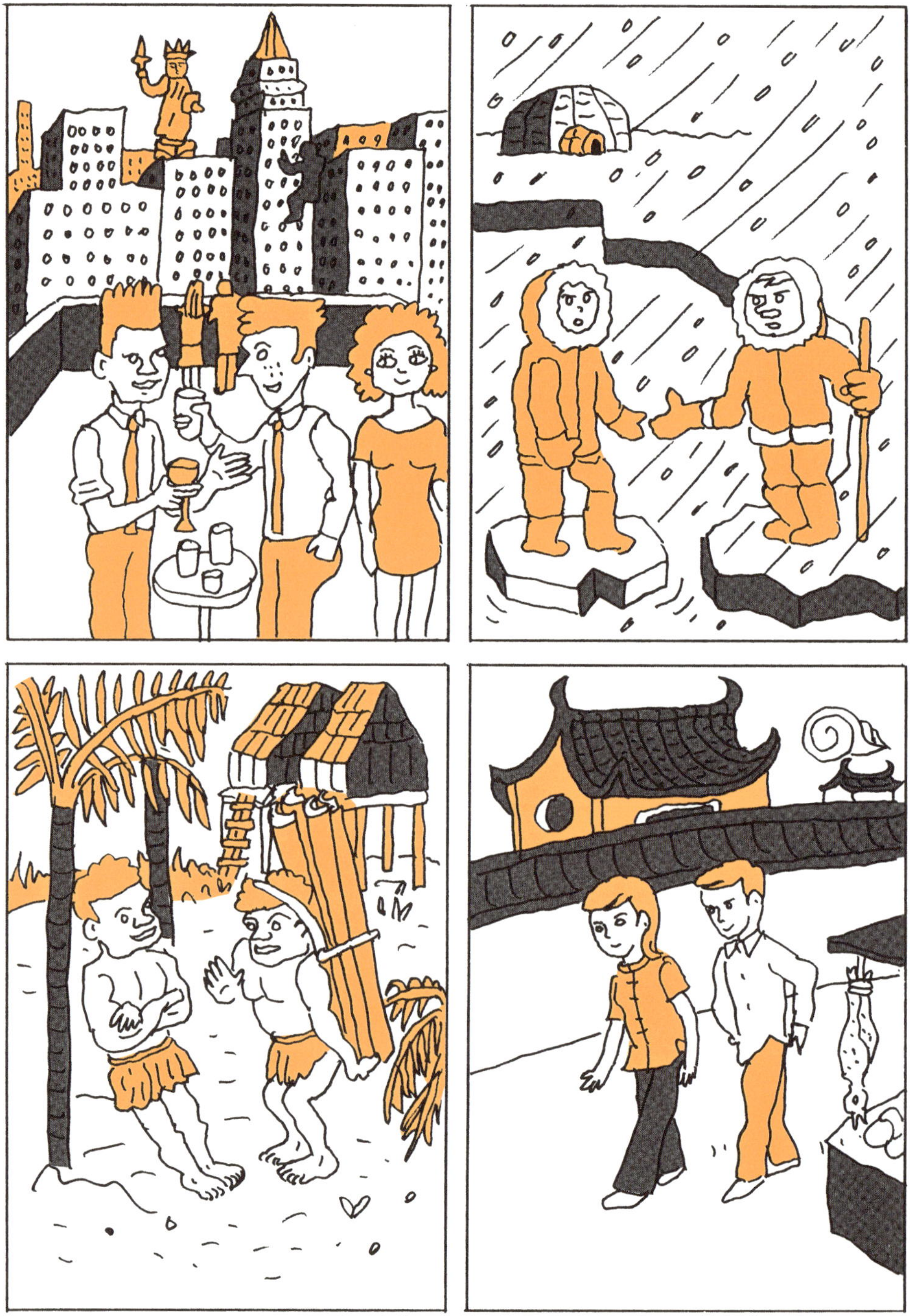

を「文法」と呼ぶんだったね。

　これまで訪ねたどの世界をとってみても、そう言われればそうなんだけれどということばかりだったんじゃないかな。それもこれも、みなさんの頭に潜んでいる文法のなせるわざというわけだ。

　では、探検を続けよう。

ことばの世界は広いな〜
ふたたびムートン航空をご利用いただきまことにありがとうございます
さあ またクイズです
メモを用意してください
お
日本語と英語。意外な共通点とはなんだろう
「佑介、自分が悪いて言うてた。」1字抜けても意味が変わらないのはどの字？
英語のSTRONGと、日本語のストロングはどこが違う？
みる、みない、みます、みるとき…なぜ動詞はこんなに変化するんだろう？
「着る」と「切る」。同じキルでも、命令するときは「着ろ」と「切れ」
「食べられる」を「食べれる」と言う「ら」抜きことば。
自然と「ら」が抜けてしまうのはなぜ？
「自分」は「わたし」とはかぎらない
フ〜
へんなクイズですね

ii　もっと、探検しよう

探検13 日本語をひっくり返すと英語になる？

ミラーイメージ

さて、われわれの探検も後半に入る。新たな気持で、探検を続けよう。

　手始めにこんなことをやってみようか。日本では車は道路のどの部分を走る？　歩道じゃなくて車道だよね。まあそれは当然として、車道のどの部分を走る？　もちろん、車道の左側だよね。それじゃ、アメリカでは車は車道のどの部分を走るのか知ってるかな？　そうだね、車道の右側を走るんだ。つまり、日本とアメリカでは車の走る部分が違っている。でも、どちらの国でも車は車道を走ることになっていて、たとえば、歩道を走ったりすることは許されていない。車は車道を走るという日本とアメリカに共通の決まりがあり、そのうえで日本では車道の左側を、アメリカでは右側を走るという違いがあるというわけだ。

　ことばの探検なのに、なんで交通規則の話になっちゃうんだろうって思っている人はいないかな？　まあまあ、そうあせらないで。いよいよ、ここからがことばの話だ。

　英語で「久美子を見た」ってなんて言うだろうか。そう、saw Kumiko だよね。じゃあ、「数学の本」っていうのはどうかな？　「数学」っていうのは math だから…。books on math。もちろん、a book on math や the book on math だって構わない。ちょっとむずかしかったかな？　もし知らなかったらこの際覚えちゃおう。では、「東京から」を英語で言うとどうなるかな？　そのとおり、from Tokyo だね。

　「きのう買った本」というのは英語では？　英語が得意じゃない人にはちょっとむずかしいかもしれないけれど books that I bought yesterday と言うんだ。「（朋子は）那覇へ行ったと（言った）」というのはどうかな？　そう、(Tomoko said) that she went to Naha だね。

　同じ意味をあらわす部分に同じ下線を加えて、ちょっと整理してみよう。

日本語	英語
久美子を見た	saw Kumiko
数学の本	books on math
東京から	from Tokyo

<u>きのう買った</u>本　books that I bought yesterday
<u>那覇へ行った</u>と　that she went to Naha

　なんか不思議じゃない？　日本語の単語の順番をひっくり返すとそれが英語になっているじゃないか！
　「きのう買った本」では「きのう買った」という部分が「本」の前にあるのに、英語では that I bought が books の前にある。「先週那覇へ行ったと」では「と」が最後にあるのに、英語では that が先頭にある。本当に順番がさかさまだ。もちろん、単語は英語の単語に変えなきゃだめだけど、単語の順番だけを考えるとちょうどさかさま。湖に映った富士の山、鏡に映った行列、…。ちょっと気取った言い方をすれば、こういうのを鏡の例を代表にして「**鏡像（mirror image）関係**」なんていうんだよ。つまり、日本語と英語の単語の並び方は鏡像関係にあるというわけだ。
　そういえば、と思わずひざをたたいた人もいるんじゃないかな。住所の書き方さ。たとえば、隊長に郵便で直接連絡をしたいときは、次のようにあて名を書けばよい。

　112-0011
　（日本）
　東京都文京区千石 2-1-2
　大和ビル 2F
　ひつじ書房気付
　大津由紀雄様

じゃ、英語だったら？

　Mr. Yukio Otsu
　c/o HITUZI SYOBO Publishing
　Yamato Building 2nd Floor
　2-1-2 Sengoku
　Bunkyo-ku, Tokyo
　JAPAN 112-0011

すごいでしょ！　完全に裏返しだよ。

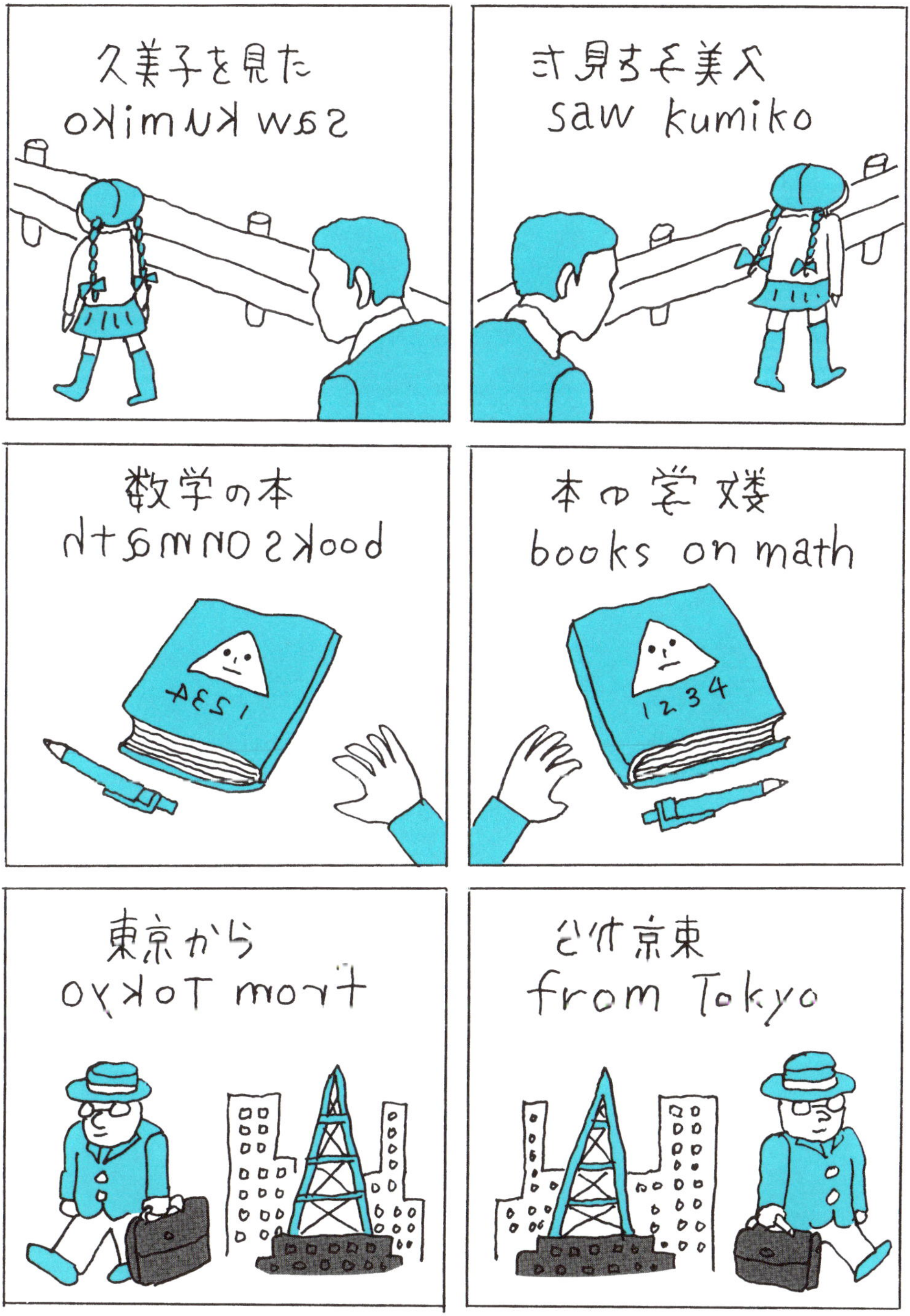
久美子を見た
saw kumiko
数学の本
books on math
1234
東京から
from Tokyo

〒112-0011
東京都文京区
千石2-1-2 大和ビル2F
ひつじ書房 気付

大津 由紀雄 様

Mr. Yukio Otsu
c/o HITUZI SYOBO Publishing
Yamato Building 2nd Floor
2-1-2 Sengoku
Bunkyo-ku Tokyo
JAPAN 112-0011

なあんだ、これなら英語の試験は楽勝！　こんどテストで和訳や英作文の問題が出ても、単語の意味だけ覚えておけば、あとはひっくり返しの術で満点だ！　そうだ、鏡でも筆箱に忍ばせておこう！　と興奮している生徒諸君。残念だけど世の中そんなに甘くはないんだ。日本語にも、英語にも、いろいろと人には言えない事情というものがあって、いつもいつも鏡像関係というわけにはいかないんだ。ごめんね（隊長の責任じゃないけどね）。

　そうはいうものの、いまわかったことだけだって不思議じゃないか。ここで、日本とアメリカでは車が道路のどこを走るかという話を思い出してみたい。日本では車道の左側、アメリカでは車道の右側という違いはあるんだけれど、でたらめに違っているというわけではない。鏡像関係になっている。日本語と英語、ずいぶん違っているように思っていただろうけれど、でたらめに違っているというのではなさそうだ。

　探検12で考えたように、生まれたばかりの赤ちゃんは何語を聞いて育つかで何語を話すようになるかが決まる。両親が日本語だけを話す場合でも、事情があって英語だけを耳にして育てば英語を話すようになるし、逆に両親が英語だけを話す場合でも、日本語だけを耳にして育てば日本語を話すようになる。つまり、人間は生まれてからしばらくの間に耳にしたことばを話すようになる。そのことばが何語であっても対応できるんだ。それを考えると、日本語も英語も、それに人間の話すことばならなんでも、そんなにでたらめに違っているはずはなさそうだということになるね。

　次の探検でも続けて、日本語と英語を比べてみよう。

探検14　大阪弁は「て」抜きことば

省略①

今回は「方言」の話をしよう。たとえば、鹿児島方言とか新潟方言とかいうときの「方言」だ。鹿児島弁とか新潟弁とかいうこともある。鹿児島とか新潟とか、ある特定の地域に住む人たちだけが共通して使うことばのことだ。日本の中にはたくさんの方言がある。たとえば、子どもたちが遊びでよく使うことばに「いっせーのせ」というのがあるが、地域によっては「いっせーので」と言う。このところ、方言ブームみたいでいろいろな方言について書かれた本もたくさん出ている。それに対して、テレビやラジオのニュースなどでアナウンサーが普通に使うことばを「標準語」と呼んでいる。「標準語」というと、いかにもえらそうな、方言より格が上のことばのように聞こえるかもしれない。でも、それはまったくの間違いだ。それぞれの方言には独自の特徴があって、ある方言が標準語や別の方言よりも劣っているというようなことはない。ましてや、方言が規則性をもたない、でたらめなことばだっていう考えはとんでもない勘違いだ。
　ここで、大阪弁と東京弁を例にしてそのことを考えてみたい。まず、大阪弁だ。わたしは大阪弁なんて知らないわ、と言っているあなた。でも、テレビなどで聞いたことはあるはずだよね。じゃ、まずこの文だ。
　佑介、自分が悪いって言ってた。
これを大阪弁で次のように言うことができる。
　佑介、自分が悪いて言うてた。
「言ってた」と「言うてた」の動詞の部分なんかが少し違っている。でも、まあ全体としては大差ない。
　ここで注目しておきたいのは、大阪弁では次のようにも言うことができるということだ。
　佑介、自分が悪い言うてた。
　あれ、「て」がどっかへ消えてしまった。でも、東京弁ではそうはいかない。「て」を抜くとへんな文になってしまう。
　***佑介、自分が悪い言ってた。**
　この文の始めについている「*」は、それがおかしな文だという印だ。
　さて、ここで消えてしまった「て」がなにものなのかを調べておこう。東京

弁の「佑介、自分が悪いって言ってた」という文では「言ってた」という動詞があって、その前に佑介が言っていた内容が書いてある。それは「自分が悪い」という部分で、文の形をとっている（「節」っていうことばを知っている人は、「節」と思ってくれて構わないよ）。そういうとき、「自分が悪い」という文と「言ってた／言うてた」の間につなぎの「て」を入れるんだ。つまり、

　文（あるいは節）＋て＋言ってた／言うてた

という具合だ。（東京弁では「悪いって」のように「って」と「っ」が入る。）

　上の例だと、つなぎの「て」を大阪弁では抜いても構わないということになる。これを「『て』抜き」と呼ぶことにしよう。でも、いつも「て」抜きができるというわけにはいかない。たとえば、

　佑介、自分が悪いてわめいてた。

とは言えるけど、「て」を抜いて、

　＊佑介、自分が悪いわめいてた。

とは言えない。同じように、

　佑介、自分が悪いて信じてた。

はいいけれど、

　＊佑介、自分が悪い信じてた。

はだめ。

　どうも「て」を抜けるかどうかは、そのあとにくる動詞（「言う」「わめく」「信じる」など）によって決まるようだ。動詞が「言う」の場合には「て」を抜くことができる。だけど、「わめく」や「信じる」の場合はだめ。実は、「て」抜きができる動詞は「言う」のほかにもう一つしかないんだ。さあ、それはなんだろう。大阪弁を知っている人、考えておいてください。

　さて、こんどは東京弁。

　こんど、うまいラーメン食べに行こうよ。

　ああ、おなかがなる。あ、失礼。いまはことばの探検中でした。それで、東京弁では代わりにこうも言える。

　こんど、うまいラーメン食べ行こうよ。

　おーっと、こんどは「に」が抜けた。

① 佑介、自分が悪いって言ってた
パタパタ
← 東京の人

② パサ
ひゃあ！

③ 佑介、自分が悪い言うてた

④ あれ、なんかことばがへんやな

⑤ ほんまどないせいっちゅうんや しょうみのはなしが

⑥ あっ スポ
ザッ

こんどラーメン食いにいかへん？
パタパタ
関西の人
①
バサ
うぎゃ
②
こんど、うまいラーメン食べに行こうよ
わ
③
こうも言える、こんどうまいラーメン食べ行こうよ
④
あ、う・・・・
なれないことばは気持ちわるいよ
⑤
スポ
あ
ザッ
⑥

東京弁を話すけどそんな言い方はしないと思ってる人、心からラーメンが食べたいと思ってみよう。そして、心をこめて友達をさそうんだ。どうだろう。そう言えるんじゃないだろうか。(もしそれでもだめだったら、「食べ行こよ」としてみてごらん。)
　大阪弁は「て」抜きだったけれど、東京弁は「に」抜きってわけだ。東京弁でどんなときに「に」抜きができるかどうかも、大阪弁の「て」抜きと同じで、そのあとにくる動詞によって決まるんだ。たとえば、
　こんど、(あのラーメン屋に) うまいラーメン食べに寄ろうよ。
とは言えるけど、
　***こんど、(あのラーメン屋に) うまいラーメン食べ寄ろうよ。**
とは言えない。
　さあ、こんどは東京弁を話すみんなに考えてほしい。「行く」以外に、「に」抜きができる動詞を探してくれないだろうか。
　さて、自分はどうしたらいいんだと思ってる、大阪弁も東京弁も話さない人への問題はこれです。大阪弁では「て」のあとに「言う」がきたら「て」が抜けた。そこで、
　佑介、自分が悪いてしつこう言うてた。
という文を考えてみよう。「て」を抜いてみると、
　***佑介、自分が悪いしつこう言うてた。**
となるが、こうは言えない。この「て」は抜けないんだ。
　東京弁の「に」抜きは、そのあとの動詞が「行く」だったらオーケーだったね。でも、次の文の「に」は抜けない。
　こんど、うまいラーメン食べに恵比寿行こう。
　***こんど、うまいラーメン食べ恵比寿行こう。**
　さあ、どうしてこんなことになるのか、次の探検までに考えてみてください。

探検15 「て」抜きと「に」抜きと that 抜き

省略②

さて、大阪弁を話す人たち向けの問題からやろう。
　佑介、自分が悪いて言うてた。
は「て」を抜いて、
　佑介、自分が悪い言うてた。
とも言える。それが「て」抜きだった。
　でも「て」抜きはいつでもできるわけじゃない。「て」のあとにどんな動詞がくるかで決まるんだったね。じゃ、「て」抜きができる動詞は「言う」のほかになにがあるか？　というのが問題だった。
　正解は「思う」。たとえば、
　祐介、自分が悪いて思うてた。
を「て」抜きして、
　祐介、自分が悪い思うてた。
と言える。「て」抜きができるのは、「て」のあとにくる動詞が「言う」と「思う」のときだけなんだ。
　こんどは東京弁の話。こちらは「に」抜きについての問題だったね。
　うまいラーメン食べに行こう。
から「に」を抜いて、
　うまいラーメン食べ行こう。
となる。
　「に」抜きもいつもいつもできるというわけじゃない。「に」のあとにどんな動詞がくるかが決め手になる。「に」抜きができる動詞は、「行く」のほかになにがあるかという問題は解けただろうか？
　正解は「来る」。
　うまいラーメン食べに来たよ。
の「に」を抜いて、
　うまいラーメン食べ来たよ。
と言ってもオーケーだ。
　さて、この問題。動詞が「言う」や「行く」でも、「て」や「に」が抜けないことがある。

祐介、自分が悪いてしつこう言うてた。

から「て」を抜いて、

　＊祐介、自分が悪いしつこう言うてた。

とは言えない。なぜだろう？　実は、「しつこう」ということばがポイント。「て」抜きをするためには、「て」と「言うてた」が隣同士でなくてはいけないんだ。間に別のことばが入っていると「て」抜きができなくなる。

　「に」抜きの場合も同じだ。

　こんど、うまいラーメン食べに恵比寿へ行こう。

の「に」を抜いて、

　＊こんど、うまいラーメン食べ恵比寿へ行こう。

とは言えない。やはり、「に」と「行こう」の間に「恵比寿へ」ということばがあるせいだ。だから、「に」抜きができない。「に」抜きをするためには、「に」と「行こう」が隣り合っていなくてはいけないからだ。

　方言は標準語よりも劣っているとか、悪いことばだから使ってはいけないと言われることもある。でも、こう見てくると、それぞれの方言は自分自身の理屈（それを「文法」と言ってもいい）をもっていることがわかる。「て」抜きや「に」抜きなんて、悪いことばだという人もいるけれど、でたらめなことをやっているわけではないんだ。だから、自分の方言には誇りをもって、できればその文法の性質を改めて見直してみてはどうだろう。ふだん適当に話しているようでも意外にきちんとした決まりがあることに気づくかもしれない。参考書も実験器具もいらないよ。必要なのは、君の頭につまっている文法という素材だけさ。

　実は、「て」抜きによく似たことが英語でもあるんだ。たとえば、「祐介、自分が悪いて言うてた」を英語にすると、次のようになる。

　Yusuke said that he was wrong.

Yusuke said は「祐介が言った」で、he was wrong は「かれ（＝祐介）が間違っていた」ということだ。じゃあ、that は？　この that は、祐介が言った内容をこれから伝えるぞという合図なんだ。「**接続詞の that**」だなんて呼び方

① こんちわ うまいラーメン食べにきたよ	② 気に入らねえな しゃべることばに リズムがねえよ / はあ
③ ちわ、うまいラーメン食べきたよ	④ オーケーだ！

もあるね。

　英語にはこのthatを抜く、いわば「that抜き」というわざがあるんだ。知っている人もいるよね。たとえば、さっきの文なら次のようにも言える。

　Yusuke said he was wrong.

　さて、ここからがおもしろい。このthat抜きもいつでもオーケーというわけではないんだ。たとえば、「叫ぶ」という意味の英語の動詞はshoutというんだけど、「祐介、自分が間違ってたって叫んだよ」ということを英語で言えば、このようになる。

　Yusuke shouted that he was wrong.

例のthatがある。さあ、that抜きだ。

　*Yusuke shouted he was wrong.

なんとこれがだめ。英語でこういうふうには言えないんだ。

　なぜ？　日本語のことを思い出すともうなんとなくわかったのではないかな？　that抜きができる場合とできない場合があって、それはthatの前にある動詞がなんであるかによって決まるんだ。think（思う）、hear（聞く）などの動詞だけがthat抜きを許してくれるんだよ。

　ところで、「て」抜きの場合は「て」のあとにくる動詞が決め手だったよね。こんどはthatの前にある動詞が決め手だ。そう、探検13でやった日本語と英語の鏡像関係がここにも顔を出している。

　まだまだこの話は終わらない、お立ち会い。普通はthat抜きができる動詞、たとえばsayの場合でも、that抜きができない場合がある。たとえば、

　Yusuke said sadly that he was wrong.

sadlyというのは「さみしそうに」という意味のことばだ。この文ではthat抜きはできない。

　*Yusuke said sadly he was wrong.

なぜだかわかるかな？　そう、「さみしそうに」という意味のsadlyがsaidとthatの間にあるからだ。saidとthatが隣同士でないときはthat抜きができないんだ。「て」抜きや「に」抜きの場合と同じだ。

英語と日本語。まるで違ったことばのようだけど、こう考えてみると驚くべきことにけっこう似ているところもあると言えないだろうか。探検13で言ったとおり、英語も日本語も人間が使うことができることばという点ではなんの違いもない。だから、似たもの同士であったって不思議はない。

探検16 # あ．い．う．え．お．さあ、どれ入れよかな [1]
母音を入れる ①

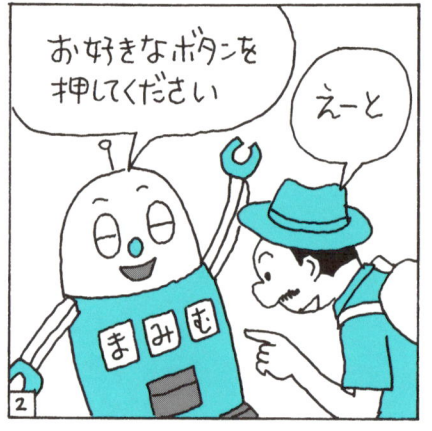

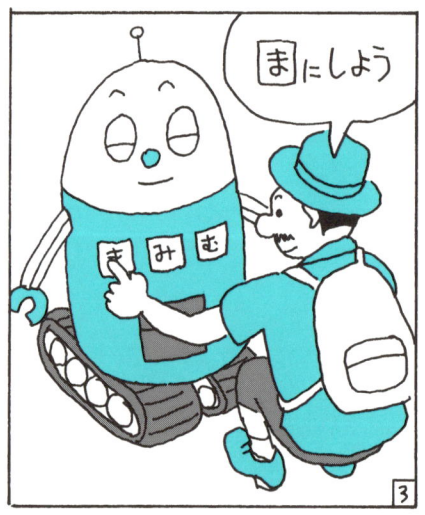

さて、突然だけど鏡を用意してほしい。どんな鏡でもいい。手鏡でも鏡台でも構わない。次に、鏡の前でゆっくりと「ま」「み」「む」「め」「も」と発音してみてほしい。このどの音を発音するときにも共通していることは何だろう？

　そう、上のくちびると下のくちびるをあわせて口を閉じることからすべてが始まるんだよね。気がつかなかった人はもう一度鏡を使って確かめてみよう。

　だけど、そのあとはそれぞれの音によって違っている。「ま」と発音してそれをずーっとのばしていると、最後は「あー」となってしまう。でも、「み」で同じことをすると、最後は「いー」になる。「む」なら「うー」、「め」なら「えー」、「も」なら「おー」だ。そう言えば、「ま」は「あ段音」、「み」は「い段音」、「む」は「う段音」、「め」は「え段音」、「も」は「お段音」だと聞いたことある人もいるんじゃないだろうか。

　で、「ま」という音は上下のくちびるをくっつけて口を閉じる部分と、「あ」という部分とからできているということになるね。同じように「み」だったら、くちびるくっつけ部分と「い」部分からできている。「ま」「み」「む」「め」「も」のすべてに共通している、くちびるをくっつける部分を**「子音」**と呼び、そのあとに続く「あ」「い」「う」「え」「お」の部分を**「母音」**と呼ぶ。つまり、「ま」はくちびるくっつけの子音と、「あ」という母音からできているということになる。

　ローマ字で「ま」を ma と書くだろう。ma というのは、いま見た「ま」の成り立ちをすなおに表現しているね。くちびるくっつけ部分が m、「あ」の部分が a というわけだ。同じように、「み」はくちびるくっつけ部分の m と、「い」の部分の i で、mi ということさ。

　こんどは、「な」「に」「ぬ」「ね」「の」と鏡の前で発音してごらん。こんどは上と下のくちびるはぴったりとはくっついてはいないね。代わりに、舌の先っぽが上の歯茎の裏あたりにくっつくのがわかるだろうか。わからなければ、舌の先に神経を集中させてみよう。そこが上の歯茎の裏あたりにくっつくのがわかると思う。

　そして、「な」をのばすと「あー」、「に」をのばすと「いー」という具合だ。

さっきと同じだね。な行音は舌先歯茎裏くっつけ部分の子音と、それに続く母音から成り立っている。ローマ字で書くとその辺の事情が一目瞭然だね。na、ni、nu、ne、no というわけだ。

　いまの話は日本語の音の多くにあてはまるんだ。つまり、日本語の音の多くは**「子音＋母音」**という形をしている。じゃあ、「あ」「い」「う」「え」「お」のあ行音は？　と気づいた人。センスいいよ。あ行音は子音なしの母音だけの音。ローマ字にするとすぐわかる。a、i、u、e、o だものね。だから、日本語の音の多くは「子音＋母音」か「母音」という形だ、と言えばもっと正確だね。

　でも、それはあくまで日本語の多くの音にあてはまるだけで、例外だってあるんだ。思い当たるかな？　そうだね、「ん」だ。これは n で、子音だけの音、独り立ちの子音というわけだ。例外だね。ほかにも、「にゃ」「にゅ」「にょ」だとか、「みゃ」「みゅ」「みょ」なんていうのがある。これもさっきの「子音＋母音」の形はしていない。たとえば、「にゃ」をローマ字で書くと nya。子音と母音の間に y がある。上にあげた音はみんなそうなってるよ。だから、「子音＋ y ＋母音」の形だ。この y の正体を解き明かすのもおもしろいんだけど、今回の探検ではパス。

　そうそう、例外と言えば、つまった「っ」(「促音便」という名前を国語の時間に習った人もいるかもしれないね) もそうなんだ。それもローマ字で書くとよくわかるよ。「きっぷ (kippu)」とか「やっと (yatto)」とかね。

　まとめよう。日本語の音の多くは「子音＋母音」、ないしは「母音」という形をしている。例外は子音だけの「ん」、なぞの y がからんだ「にゃ」「にゅ」「にょ」の類、それにつまった「っ」だけだ。

　さて、こんどは英語を見よう。papa だとか mama だなんて単語だけを考えてると「子音＋母音」の連続。なんだ英語も日本語と同じだ！　man だって、「子音 (m) ＋母音 (a)」に、独り子音の n の連続。日本語とそっくり！

　でもね、そうは問屋がおろさない。pink っていうのはどうだろう。最初は

ま

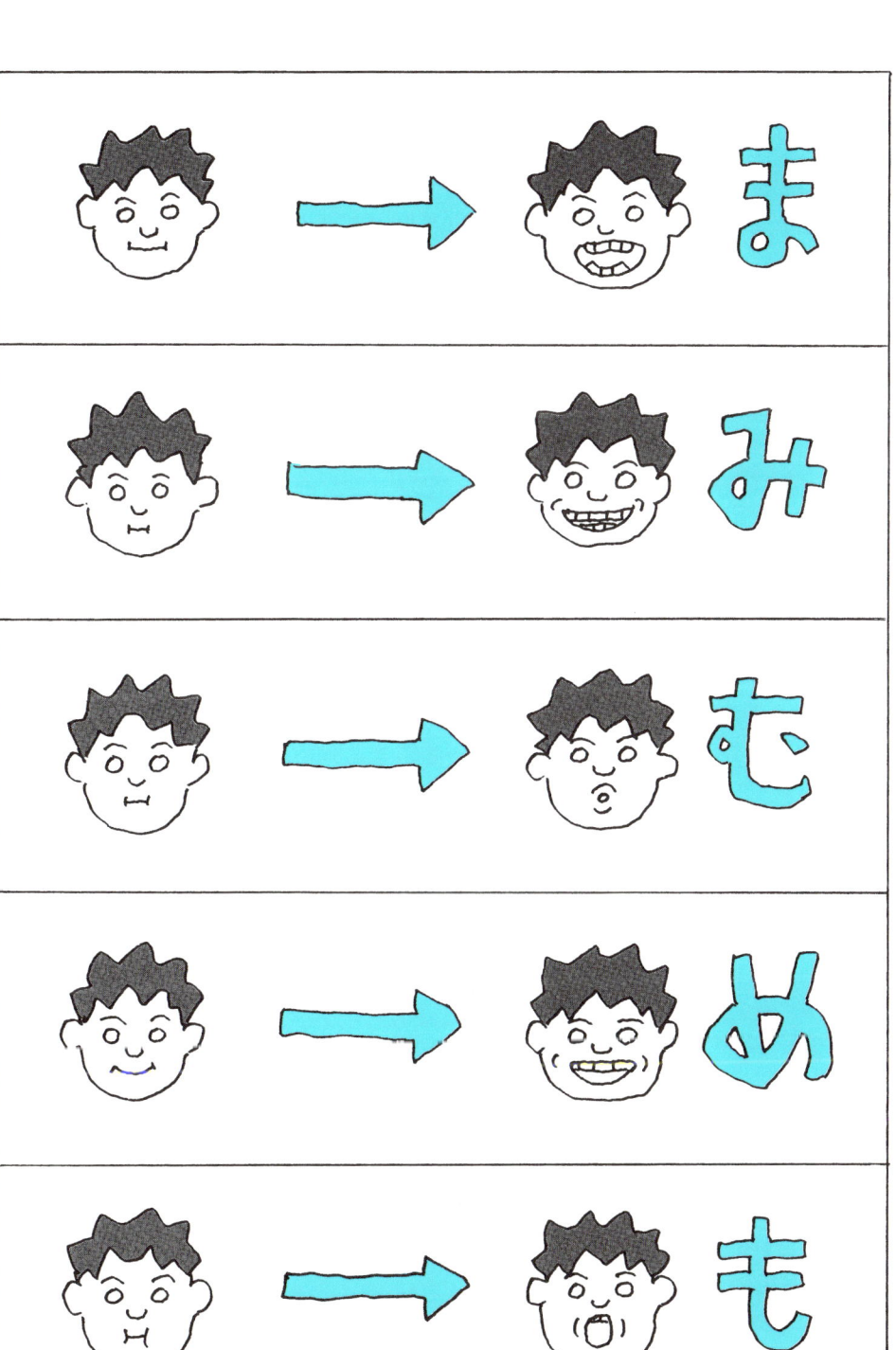

み

む

め

も

確かに「子音（p）＋母音（i）」、そしてそのあとは独り立ちの子音ｎだけど、その次はｋという子音が独り立ち。tent でも最後のｔ（これも子音だよね）が独り立ち。日本語ではこうはいかないよ。独り立ちできる子音は「ん（n）」だけだったものね。つまり、英語では日本語と違って単語の最後で子音が独り立ちできるんだ。

　そう言えばと心当たりのある人いるんじゃないかな。英語の単語を発音するとき、その単語が独り立ちの子音で終わっていると、注意しなくてはいけないんだよね。日本語ではそんなことが許されないので、ついついその子音のあとに母音を入れて日本語みたいにしてしまう人が多いんだ。pink が「ピンク（pinku）」に、tent が「テント（tento）」になっちゃうのはそのせいなんだ。

　日本語を話す人が英語を習うと、子音のあとに本当はない母音を入れてしまうのは、単語の最後だけに限らないよ。英語では日本語と違って、子音がつながって出てこられるんだ。たとえば、strong。始めの部分にｓとｔとｒという子音が３つもつながって出てくる。glimpsed だなんて単語はたぶん知らないと思うけど、「ちらっと見た」という意味の、この単語（glimpse という動詞の過去形）の最後にはｍとｐとｓとｔ（ed の部分はこの単語ではｔと発音する）という子音が４つもつながって出てくるんだ。まあ、子音がつながって出てこられるとはいってもこのくらいが限度なんだけど、大事な点は、英語では日本語では許されない子音の連続が許されるっていうことさ。

　そうすると、単語の終わりの独り立ち子音の場合と同じで、子音が連続して出てくると日本語を話す人はいつものくせで、ついつい子音のあとに母音を入れてしまう。strong が「ストロング（sutorongu）」になったり、glimpsed が「グリンプスト（gurinpusuto）」（ＬとＲはこの際、勘弁してもらおうね！）になったりしてしまうんだ。

　まとめると、日本語を話す人が英語を発音するとき、単語の終わりの独り立ち子音や子音の連続は、ちょっと注意が必要だということになる。理由はそういう形が日本語で許されないので、日本語式にそれぞれの子音のあとに母音を

入れてしまいがちだということだ。

　でもね！　ここで問題。それなら、そのとき子音のあとに余分に入れてしまう母音はどうやって決まるんだろう。pink は「ピンク（pinku）」になっても、「ピンカ（pinka）」とか、「ピンコ（pinko）」にはならない。tent は「テント（tento）」になっても、「テンテ（tente）」「テンタ（tenta）」にはならない。さて、どの母音を選ぶかはどうやって決まるんだろう。考えておいてください。

探検17

あ、い、う、え、お：
さあ、どれ入れよかな[2]
母音を入れる②

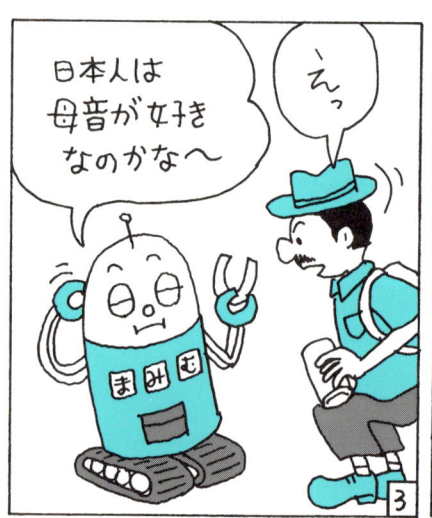

まず復習から始めよう。

日本語の音の多くは、「子音＋母音」ないしは「母音」という形をしている。ローマ字で書くと、そのことがはっきりとわかるんだよね。たとえば、ko-to-baとかse-ka-iとかね。例外は独り立ち子音の「ん」（たとえば、ta-n-ke-n)、なぞのyがからんだ「にゃ（nya）」「にゅ（nyu）」「にょ（nyo）」の類、それにつまった「っ」だけだった。

さて、英語では日本語と違って単語の最後で子音が独り立ちできるんだったね。たとえば、pinkとかtentとかね。だから、英語の単語を発音するとき、その単語が独り立ちの子音で終わっていると、日本語ではそんなことが許されないので、ついついその子音のあとに母音を入れて日本語みたいにしてしまうのだ。pinkが「ピンク（pinku）」に、tentが「テント（tento）」になってしまうとか。

また、英語では日本語と違って子音がつながって出てこられるんだったね。だから、子音が連続して出てくると、日本語を話す人は子音のあとに母音を入れてしまいがちだ。strongが「ストロング（sutorongu）」になったりね。

さて、日本語を話す人のいま見たような間違いはそういう形が日本語では許されないので、日本語式にそれぞれの子音のあとに母音を入れてしまいがちだということで説明がつく。でもそれなら、どの母音を入れたってよさそうだけどそうはいかないんだったよね。pinkは「ピンク（pinku）」になっても、「ピンカ（pinka）」や「ピンコ（pinko）」にはならないものね。さて、どの母音が入るのか、その仕掛けを探ってみようというのが宿題だった。

こういう問題を考えるときは、例をたくさん考えるとよい。考えやすそうだから、まず単語の最後に母音が入る例を見てみよう。

チョーク（chalk → chōku）、キス（kiss → kisu）、
アイテム（item → aitemu）、タイトル（title → taitoru）、
ギャング（gang → gyangu）、ミズ（Ms. → mizu）
（　）の中で矢印の前に書いてあるのがもともとの英語のつづり、あとに書

いてあるのが日本語を話す人がしがちな発音をローマ字で書いたものだ。母音が入っているよね。

こう見ると、なんだ入る母音は「う」で決まりかという気がするよね。例の「ピンク」もこれでいける。単語の最後だけでなく、子音の連続があったときに入れる母音を考えてもそれでいいような気持になる。スプリング（spring → supuringu）。完璧だ。

でも、tent はどうだった？ 「テント（tento）」。あれ、「お」が入ってる！ そう言えば、子音の連続のとき考えた strong も「ストロング（sutorongu）」で、s と最後の g のあとはちゃんと「う」が入っているけど、t のあとは「お」が入ってるね（r のあとも「お」だなんて言わないでね！ それはもともとある o だよ）。どうも、t のあとでは「お」が入るみたいだね。

え、「アーモンド」はどうだって？ いいね。almound が「アーモンド（āmondo）」。また、「お」だ。dream が「ドリーム（doriimu）」。d のあとも「お」らしいね。

church はどうかって？ すごい！ church は「(chāchi)」に、それに beach は「ビーチ（biichi）」になるよ。こんどは「い」だ。そう言えば、page は「ページ（pēji）」に、advantage は「アドバンテージ（adobantēji）」になる。また、「い」だ。

規則性があるようだね。整理してみよう。

(1) t と d のあとでは「お」が入る。
(2) ch と j のあとでは「い」が入る。
(3) それ以外では、「う」が入る。

でも、どうして t と d のあとでは「う」が入らないんだろうか？ 試しに t のあとに「う」をつけてみよう。その発音を強いて書けば「とぅ」。これはもともと日本語にはない音だ。最近では「トゥナイト」のような外来語に出てくるけれど、「とぅ」という音をもった単語はあまりない。d のあとに「う」をつけると「どぅ」。これも日本語には本来ない音だ。外来語辞典を引くと「ドゥーワップ」ってのが載ってるけどね。これは doowap でバックコーラスがドゥワ、ドゥワってやってるのがあるだろ。あれからきた音楽の名前らしい。隊

church

advantage

almond

dream

page

beach

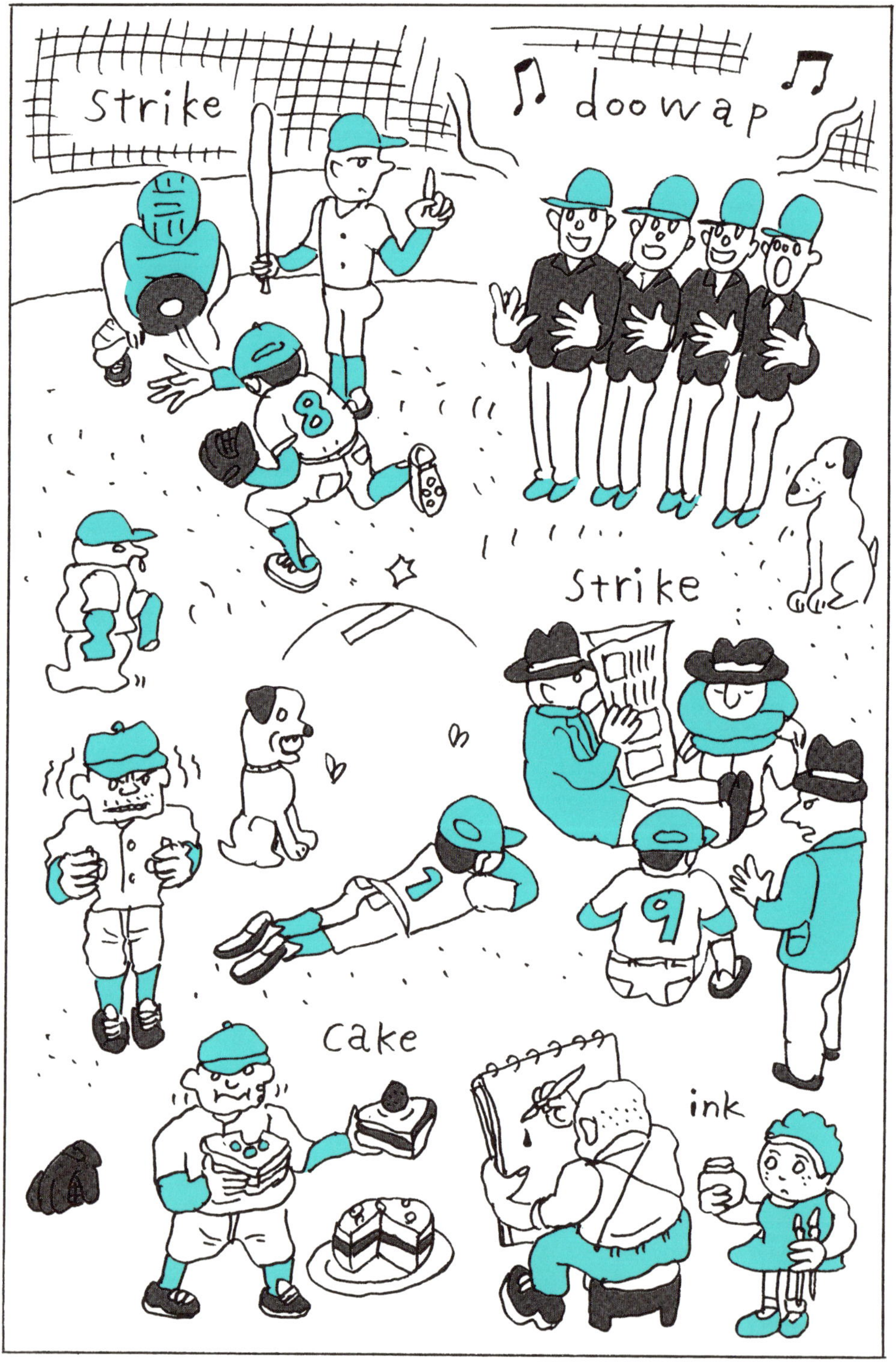
Strike
doowap
Strike
cake
ink

長にはちんぷんかんぷんだけど、それはともかく、tとdのあとに「う」がくる音が日本語には欠けてるんだ。だから、代わりに「お」が入るってわけさ。

　ローマ字で書くときに、たとえば、か行なら ka、ki、ku、ke、ko とすなおなのに、た行だけは ta、**chi**、**tsu**、te、to と書いたりするよね。そのことを考え合わせると、いま見たことがもっとよく理解できるかもね。

　ch と j の場合はどうかな？　「う」を入れて「ちゅ」「じゅ」とすることもできるけれど、「い」を入れると「ち」「じ」というもっと単純な音になるじゃない。

　母音を入れると言っても、こんなぐあいに日本語の事情がよく表れているんだ。おもしろいだろ。

　好奇心旺盛の君は、これにあてはまらない例を見つけたかもしれない。cake は「ケーク（kēku）」でなくて「ケーキ（kēki）」だよね。どうも、かなり以前から日本語になったことばには、「い」を入れることが多いようなんだ。ほかにも、ink を「インキ（inki）」と言ったりする人もいるよね。もっとも、最近は「インク（inku）」と言う人のほうが多いような気がするけどね。

　もう少し変わった例では、strike がある。これは「ストライク（sutoraiku）」と「ストライキ（sutoraiki）」という、２つの形で日本語になっているね。しかも、それぞれ意味が違うんだから、すごい！　というしかないね。

探検 18 # あの活用表を科学する！[1]

活用①

1. 日本語で難しいのはなに？ / 動詞の活用…
2. なんでそうなるかわからないからキライなんだ
3. たとえばさ 見る＋ない なら 見るない なのに なぜ「る」は消えて「見ない」になるの？
4. じゃ なんでカエルのおなかにヘソがないの？ / う〜ん わからない

これまでの探検で日本語の音の世界をのぞいてみたら、ローマ字で書いてみると意外な素顔が浮かび上がることがわかったね。今回もローマ字を使っての探検だ。目指すは動詞の活用。隊長は中学生のころ、この活用表を見て「ワースゴイ！」と、その見事さに感激したのをはっきりと覚えているよ。でも、活用表を見て感激する中学生はそれほど多くはないらしいね。それだけでなく、「なんでこんなものを覚えなくちゃいけないんだ、こんなもの知らなくたって日本語は立派にしゃべれるのに」と、これで文法嫌いになっちゃう人が多いとも聞いている。

　でもね、みなさんは活用表を作ったりするのは大変かもしれないけれど、活用自体を間違えるってことはないだろ。たとえば、「おりる」の活用表は作れなくても、「おりられなかった」と言わなくてはならないところを、「おりらなかった」なんて間違えないよね。でも、外国人が日本語を覚えるとき、活用自体を間違えないようにすることが結構大変なんだ。「その駅ではだれもおりらなかった」だなんて間違いがよくあるんだ。外国人にはむずかしい活用をみなさんがなんなくこなせるのは、ひとりひとりの頭に活用についての知識がすでに無意識のうちにつまっているからだよ。この回と次回の探検ではその中身を探ってみよう。題して、「あの活用表を科学する！」。

　日本語を話すわたしたちにとって、「見る」を活用させるのは簡単だ。「見る」のあとに「ない」とか「とき」など、決まったことばをつなげて自然な形に変えればいい。たとえば、「見る」に「ない」をつけてみよう。「見る＋ない」で、あとは自然に「る」がなくなって、「見ない」になる。ほかの形も同じようにやってみよう。学校で活用を習うときにつきものの、「未然形」とか「連用形」とかという名前はたぶん聞きたくないだろうから、代わりに番号をふっておくことにする。

①みない
②みよう
③みます
④みる

⑤みるとき

⑥みれば

⑦みろ

こう言ってしまえば簡単だけど、

「見る＋ない」で、あとは自然に「る」がなくなって、「見ない」になる

だなんてことは、日本語を勉強している外国人にどうやって教えたらいいんだろう。そこで、こんどはさっきの活用形をローマ字で書いてみよう。

① minai

② miyō

③ mimasu

④ miru

⑤ mirutoki

⑥ mireba

⑦ miro

さて、次にそれぞれの単語の活用で、すべての形に共通な部分を色付けしてみよう。

① minai

② miyō

③ mimasu

④ miru

⑤ mirutoki

⑥ mireba

⑦ miro

ほら、こんどは簡単。mi（見）のあとに、-nai、-yō、-masu、-ru、-rutoki、-reba、-ro をつければいいんだ。これなら外国人だって覚えられそうだ。

よし、こんどは「読む」でやってみよう。まず、活用形をローマ字で書いてみて、次に共通な部分に色付けしよう。

① yomanai（よまない）

② yomō（よもう）

① みない
② みよう
③ みます
④ みる
⑤ みるとき
⑥ みれば
⑦ みろ
⑧

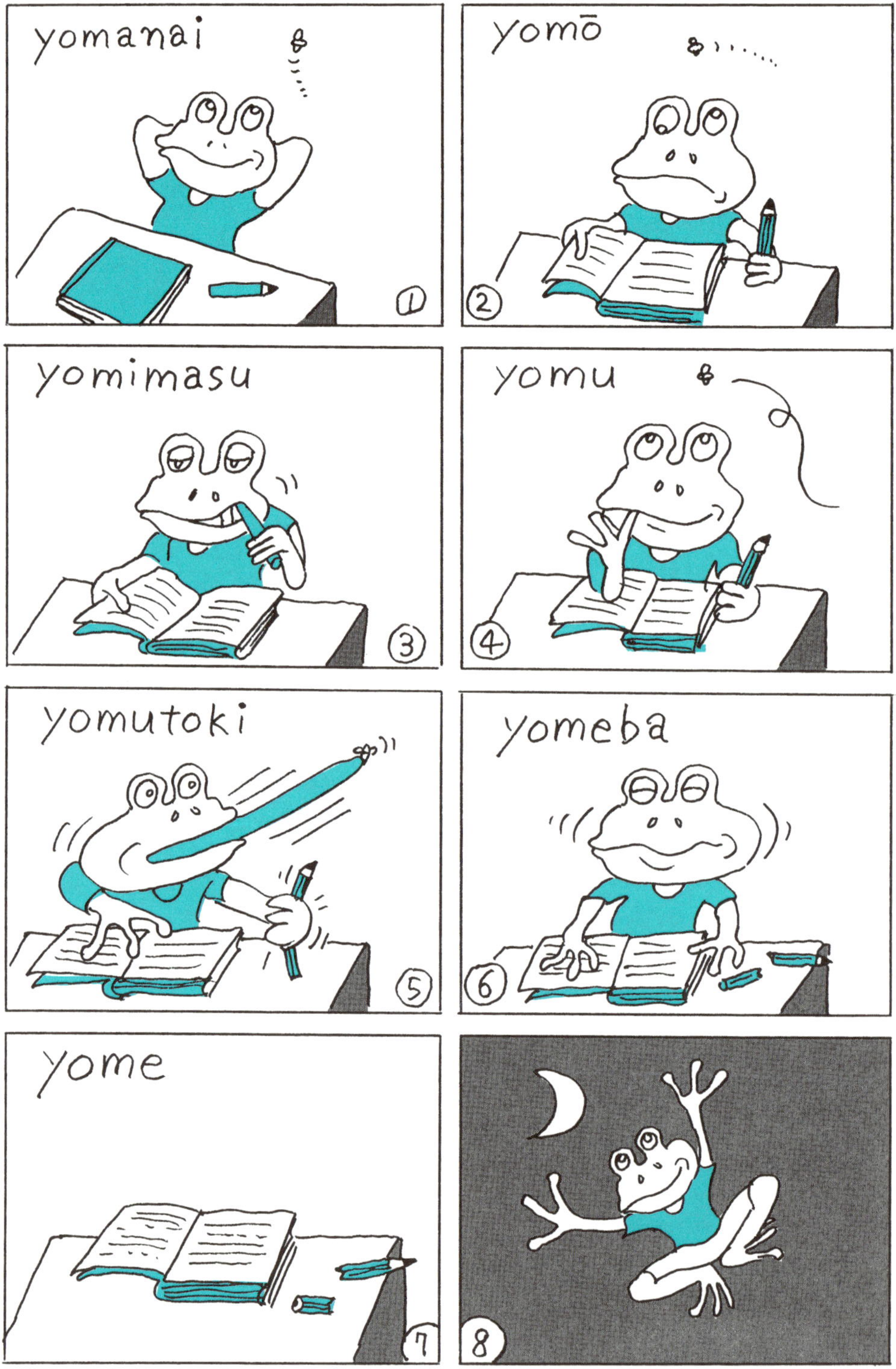
yomanai
1
yomō
2
yomimasu
3
yomu
4
yomutoki
5
yomeba
6
yome
7
8

③ yomimasu（よみます）
④ yomu（よむ）
⑤ yomutoki（よむとき）
⑥ yomeba（よめば）
⑦ yome（よめ）

　あれ！　共通なのは yom だ。でも、yom なんて日本語ではどう発音すればいいのかわからない。じゃあ、代わりに yo が共通だとしてやってみようか。
① yonai（よない）
② yoyō（よよう）
③ yomasu（よます）
④ yoru（よる）
⑤ yorutoki（よるとき）
⑥ yoreba（よれば）
⑦ yoro（よろ）

　違〜う！　やっぱり活用は難物なのかな。これだから、外国人にとって活用は日本語学習の大きな壁になるんだ。それを思えば、英語の動詞の活用なんて簡単なものかもしれない。

　それにしても、みなさんは活用のことを学校で習うずっと前からちゃんと正しく活用形を使うことができた。いったい、みなさんの頭の中にはどんな仕組みがあるんだろうか。さっそく探検開始！

探検19 **あの活用表を科学する![2]**

活用②

さて、まず前の探検でやった「読む」と「見る」に「寝る」を加えて、それぞれがどんな活用形をとるか表にしてみよう。

	読む	見る	寝る
①	よま（ない）	み（ない）	ね（ない）
②	よも（う）	み（よう）	ね（よう）
③	よみ（ます）	み（ます）	ね（ます）
④	よむ	みる	ねる
⑤	よむ（とき）	みる（とき）	ねる（とき）
⑥	よめ（ば）	みれ（ば）	ねれ（ば）
⑦	よめ	みろ	ねろ

活用大好きっていう人はあまりいないかもしれないけれど、「読む」は「ま」「み」「む」「め」「も」と変化するので「五段活用」、「見る」は「み」（い段音）だけなので「上一段活用」、「寝る」は「ね」（え段音）だけなので「下一段活用」と呼ぶということを覚えていた人もいるかな。でも、そんなこと忘れちゃった人も気にしない、気にしない。代わりに、きょうはちょっと一工夫というわけだ。

　例によってローマ字で書いてみよう。

	yomu	miru	neru
①	yomanai	minai	nenai
②	yomō	miyō	neyō
③	yomimasu	mimasu	nemasu
④	yomu	miru	neru
⑤	yomutoki	mirutoki	nerutoki
⑥	yomeba	mireba	nereba
⑦	yome	miro	nero

次にそれぞれの単語の活用ですべての形に共通な部分を色付けしてみよう。

	yomu	miru	neru
①	yomanai	minai	nenai

② 　　　yomō　　　　miyō　　　　　neyō
③ 　　　yomimasu　　mimasu　　　 nemasu
④ 　　　yomu　　　　miru　　　　 neru
⑤ 　　　yomutoki　　mirutoki　　　nerutoki
⑥ 　　　yomeba　　　mireba　　　 nereba
⑦ 　　　yome　　　　miro　　　　 nero

　こうしてみると、yom のように共通部分が子音（覚えているかな？ k、s、t、m みたいな音だったよね）で終わっている動詞、mi のように共通部分が母音（これは簡単！ a、i、u、e、o だ）の i で終わっている動詞、それに ne のように共通部分が母音の e で終わっている動詞の３種類があることがわかる。

　さて、これで準備オーケーだ。まずは④から見てみよう。
④ 　　　　yomu　　　miru　　　　neru
　④を作るには共通部分に -ru をつければいいみたいだ。でも「読む」の場合はちょっと違うね。-u だけがついている。どうしてかな？ ためしに -ru をつけてごらん。yom-ru。気がついたかな？ 日本語では子音と子音が並んではいけないという原則を前にやったよね。m という子音と r という子音が並んではいけないんだ。だから、そのときには、それを避けるために -ru ではなく -u をつけるんだよ。
　⑤は④と同じ形だから、いまと同じことさ。
　次は⑥。
⑥ 　　　　yomeba　　mireba　　　nereba
　なんだ、これも同じことじゃない。⑥を作るには共通部分に -reba をつければいい。でも、「読む」の場合は共通部分が yom だから、それに -reba をつけると yom-reba。また子音が並んじゃった。そこで r をとって -eba をつけるというわけさ。
　こうやってみると、子音と子音が並んではだめという日本語の原則だけを覚

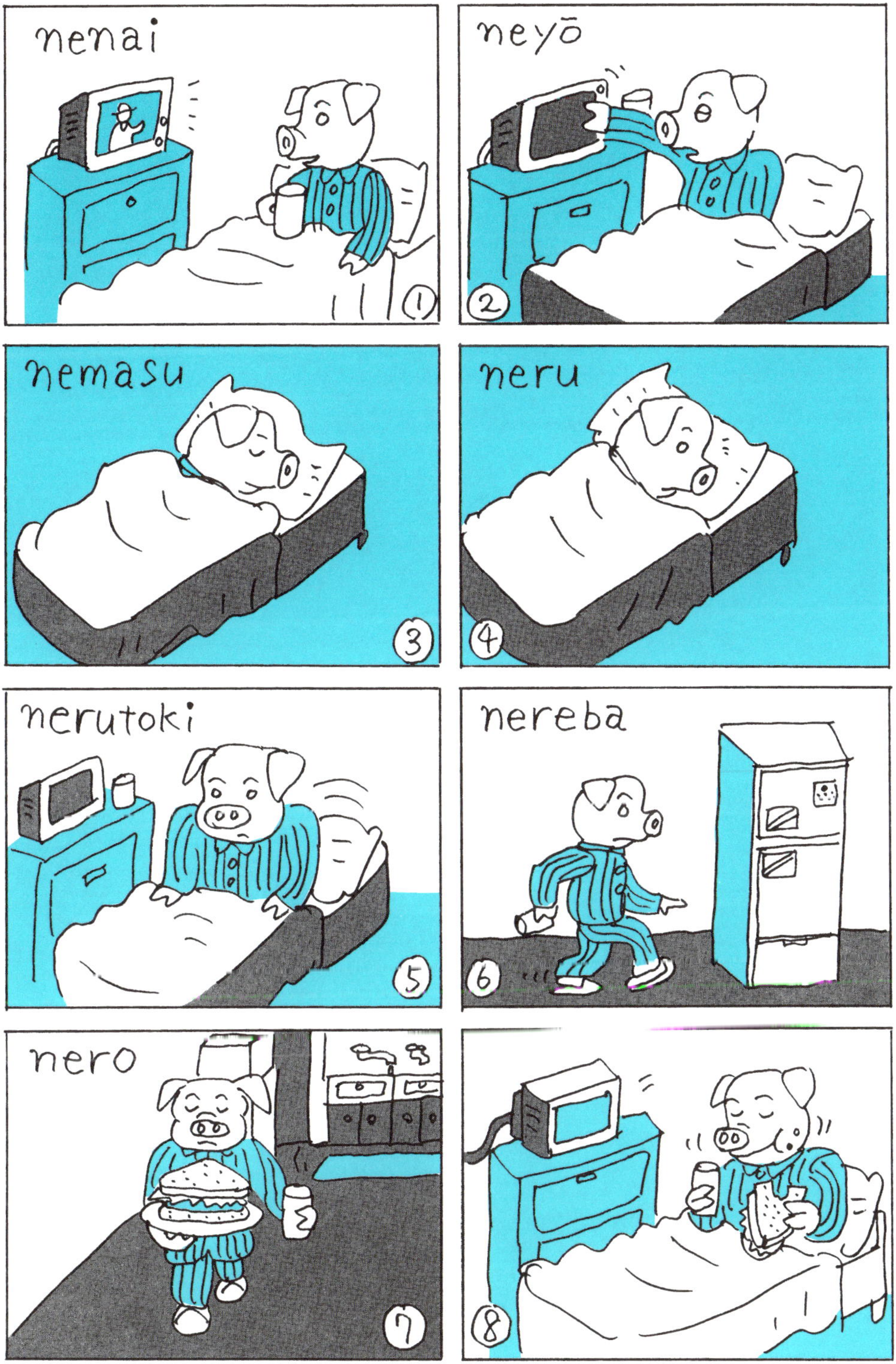
nenai
1
neyō
2
nemasu
3
neru
4
nerutoki
5
nereba
6
nero
7
8

sutenai
1
suteyō
2
sutemasu
3
suteru
4
suterutoki
5
sutereba
6
sutero
7
8

えておけば、五段活用だとか上一段活用だとか活用を種類分けしなくたってちゃんと正しい形が出てくることになるね。

　次の探検でこの続きをやろう。できればほかの形についても自分で考えておいてくださいね。

探検20 **あの活用表を科学する![3]**

活用③

さっそく前の探検の続きをやろう。まず、前に作った表をもう一度あげておこう。

	（読む）	（見る）	（寝る）
	yomu	miru	neru
①	yomanai	minai	nenai
②	yomō	miyō	neyō
③	yomimasu	mimasu	nemasu
④	yomu	miru	neru
⑤	yomutoki	mirutoki	nerutoki
⑥	yomeba	mireba	nereba
⑦	yome	miro	nero

前の探検でまずやったのは、動詞をローマ字書きして共通部分を抜き出す作業だ。「読む」は yom、「見る」は mi、「寝る」は ne がその共通部分だった。あとは次の規則A、Bと原理にしたがって形を作るだけだったね。

A　④、⑤を作るには、共通部分に -ru をつける。
B　⑥を作るには、共通部分に -reba をつける。
日本語の音の原理：（原則として）子音が並んではいけない。

こんどは②を見よう。

② 　　　yomō　　　　miyō　　　　neyō

またもや同じことだ。②を作るには共通部分 -yō をつける。ただし、「読む」の場合は yom-yō になっちゃって子音が並ぶから、-ō だけをつけるということだね。

C　②を作るには、共通部分に -yō をつける。

つまり、動詞の活用の種類（覚えていたら、五段活用とか上一段活用とか下一段活用とかの区別）は気にせず、どの動詞でも②、④、⑤、⑥の作り方は同じというわけだ。あとは、子音が並んではいけないという日本語の音の基本が

手助けをしてくれる。すばらしい！

　学校でやる活用表にはふつう入っていないけれど、受け身の形や使役の形もあるよね。たとえば、「その本は多くの中学生に読まれている」（受け身形）とか、「先生は生徒たちにその本を読ませた」（使役形）とかね。そういう形だって簡単に説明がつくよ。
　　D　受け身形を作るには、共通部分に-rare をつける。
　yom-rare!　あ、また子音が並んだ。そこで-r を消して、yom-are（読まれ）。ね。でも、mi-rare（見られ）や ne-rare（寝られ）の場合は子音が並ばないから、そのままで平気だね。
　使役形も同様にできる。
　　E　使役形を作るには、共通部分に-sase をつける。
　yom-sase が yom-ase（読ませ）になり、mi-sase（見させ）や ne-sase（寝させ）はそのまま。
　こうやってみると活用なんて本当に簡単だよね。次は③をみよう。
③　　　　yomimasu　　　mimasu　　　　nemasu
　こんどは-masu をつければよさそうだけど、また yom-の場合が問題だ。yom-masu。子音が並んじゃったね。おもしろいのはこんどは-m を消さないで、つなぎの母音-i-を挿入しているということだ。だから、yom-i-masu（読みます）。
　　F　③を作るには、共通部分に-masu をつける（つなぎの母音は-i-）。

　つなぎの母音を挿入するのはほかにもあるよ。①だ。
①　　　　yomanai　　　　minai　　　　　nenai
　共通部分につけるのは-nai。yom-の場合には yom-nai となって子音が並ぶ。そこでつなぎの母音の登場だ。ただし、こんどは-a-が挿入される。そして、yom-a-nai となる。
　　G　①を作るには、共通部分に-nai をつける（つなぎの母音は-a-）。
　ここまでは、動詞の種類は気にせず、どの動詞にでもそのままあてはめればうまくいくという話だ。でも、中にはちょっと変わった性格のものもある。そ

kiranai ①	kirō ②
kirimasu ③	kiru ④
kirutoki ⑤	kireba ⑥
kire ⑦	⑧

kinai ①	kiyō ②
kimasu ③	kiru ④
kirutoki ⑤	kireba ⑥
kiro ⑦	⑧

れが⑦。
⑦　　　yome　　　　miro　　　　nero

　これだけは共通部分が子音で終わっていたら-e を、母音で終わっていたら、-ro をつけようと覚えるしかなさそうだ。ちょっと残念だけどね。

　H　⑦を作るには、共通部分が子音で終わっていたら-e を、母音で終わっていたら-ro をつける。

　変わった性格と言えば、「来る」と「する」の２つ、これだけはいままでのやり方ではどうにもならない。学校で「変格活用」だなんて言い方を習ったかもしれない。まさに、変わり種というわけだ。英語の不規則動詞にちょっと似ているね。

　ところで、「切る」と「着る」、アクセントは違うけど、よく似た動詞だ。でも、形を変化させてみると違いが見えてくる。「切らない」と「着ない」のようにね。これだって、ローマ字で書いてみるとすぐわかるよ。

	kiru（切る）	kiru（着る）
①	kiranai	kinai
②	kirō	kiyō
③	kirimasu	kimasu
④	kiru	kiru
⑤	kirutoki	kirutoki
⑥	kireba	kireba
⑦	kire	kiro

ね。

　こうして考えてみると、動詞の活用ってけっこう規則的で、わかりやすいものだってわかってもらえたんじゃないかな。これまで活用はむずかしいと思ってた人、「未然形」だとか「連用形」だとか「下一段活用」だとか、そういったことばがむずかしかっただけでは？

探検 21 # 「ら」抜きことばを科学する!

「ら」抜き

「『ら』抜きことば」って何のことだか知っているよね。「〜することができる」ということを言うとき、たとえば、「君ならあいつを止められる」の代わりに「君ならあいつを止めれる」という言い方を耳にすることがあるね。「止めれる」は「止められる」から「ら」をとった形なので、そういうのを「『ら』抜きことば」と呼ぶんだ。

　「『ら』抜きことば」は新聞などでずいぶんと話題になった。乱れたことばで使ってはいけないという人も多いけれど、いまではずいぶんいろいろな人がいろいろなところで使っている。改まった場所では使ってはいけないという意見のことばの専門家もいるけれども、学校の朝礼や入学式などで校長先生が『ら』抜きことばを使うことだってそんなに珍しくはない。「ら」抜きはよくないという先生だって絶対に使わないと言いきれる人はそんなに多くないと思うよ。ひょっとしたら、若い読者のみなさんは「ら」抜きしたほうが正しい言い方で、「ら」抜きしない言い方は、「そういえば、聞いたことがある」程度に思っているかもしれないね。

　そこで、こんどの探検はその『ら』抜きことば。「科学する！」シリーズの第2弾だ。

　さて、「止められる」とか「止めれる」とかという形を聞いたときに、前回の探検を思い出した人、さすがだね。そう、ローマ字作戦をとってみよう。

　「止められる」は tome-rareru。共通部分が e という母音で終わる動詞だ。じゃ、子音で終わる動詞はどうだろうか？　たとえば、「読む（yom-u）」という動詞で「ら」抜きができるだろうか。

　この本は中学2年生でも読める。

　うーん、これでは「ら」抜きのしようがないね。ここまででわかったことは、「『ら』抜きことば」は母音で終わる動詞に -rare という形をつけたときに起きるようだね。そういえば、前の探検でやった「切る」と「着る」。子音で終わる kir の場合は「切れる」、母音で終わる ki の場合は「着られる」となるはずだけど、『ら』抜きことばでは「着られる」も「着れる」となってしまうね。

ここで気がついてほしいことは、『ら』抜きことばの実例としてみたのは「〜することができる」という可能を表す、-rare（られ）をつけた形だということだ。そして、そこまでわかったらもう天才的なんだけど、-rareは可能のほかに受け身や尊敬の意味を表すこともあるということだ。
　君ならあいつを止められる。（可能）
　行こうと思ってたんだが、母に止められちゃってね。（受け身）
　先生がそのけんかを止められた。（尊敬）
　ここで実験。受け身や尊敬の場合にも「ら」抜きが起きるのだろうか？　さっそくやってみよう。
　＊行こうと思ってたんだが、母に止めれちゃってね。（受け身）
　＊先生がそのけんかを止めれた。（尊敬）
ね、どんなに「ら」抜きが好きな人でもこんな言い方はしないよね。
　こうやってみると、「ら」抜きって、ずいぶんでたらめなことばづかいのように見えるかもしれないけれど、けっこうきちんとしたことをやっているんだ。つまり、いろいろな-rareのうち、可能を表す場合だけ「ら」抜きができるんだ。

　そこで、こんどは子音で終わる動詞の場合を考えよう。
　こんな本なら簡単に読める。（可能）
　この本は多くの中学生に読まれている。（受け身）
　先生はいつもたくさんの本を読まれている。（尊敬）
　前に見たようにこの場合には、そもそも「ら」がないから、「ら」抜きが起こりようがない。でも、ここでもう一つ注目してもらいたいことがある。可能の場合と受け身・尊敬の場合とでは違った形が使われていることだ。「読める（yomeru）」と「読まれる（yomareru）」だね。
　つまり、子音で終わる動詞の場合には-rareは受け身と尊敬の意味にしか使われない。それに対し、母音で終わる動詞の場合には受け身と尊敬に加えて可能の意味にも使われる。だから、「ら」抜きはそれによって-rareの負担を軽くしてやろうという心づかいが働いた結果と考えられるのだ。むかしは可能の形

ブー！
ウ～！
きみならあいつを止められる
行きたいのはやまやまだけど母に止められちゃってね
先生がそのケンカを止められた
give up！

① きみなら止めれると言われましたが、ぼくのほうが母に止められてしまいました。おわり

② よし、いい作文だぞ サンゾウは80点だ つぎ ブッチ

エヘヘ

ブヒョ

③ ぼくはきのうゴリベーになぐれた。すると先生がそのケンカを止めれた。ぼくはたすけれた。おしまい

④ どんなに「ら」抜きが好きでもそんな言いちはしないぞ

ベロをけがしててうまく言えないんです

はすべて-rare が使われていたようだけれど、子音で終わる動詞の場合はすでに-eru（たとえば、「読める（yom-eru）」）という形を使うようになった。それによって、可能形と受け身形・尊敬形が区別されるようになった。母音で終わる動詞の場合もそれと同じ種類の変化が起きつつあり、その一つが「ら」抜き現象であると考えられるんだよ。

　母音で終わる動詞の中でも「見る」などはとても複雑だよ。「見ることができる」という可能の意味を表す形として、「見られる」「見れる」「見える」という3つの形がある。2番目の「見れる」は最初の「見られる」の「ら」抜きになっている。みなさんはこの3つの形をどうやって使い分けているのだろうか？　考えてみてほしい。

　ことばの乱れなどと批判されながらも、『ら』抜きことばがこれだけ浸透していったからには、それが単なることばの乱れということなどではすまされないなにかがあるに違いない。上で考えたように、それが-rare の役目（可能・受け身・尊敬という3つの役目を果たしている）を軽くするためという動機に支えられているとしたら、だれもそれを止めれない。な〜んてね。

探検22

自分 [1]

代名詞 ②

さっそく、次の文を見てほしい。
わからないことがあったらなんでも自分に聞いてください。
　新入生がクラブで先輩にこう言われたら、その先輩のことをとっても頼もしく思うだろう。わからないことがあったらその先輩に聞けばいいんだから。ここで「自分」というのは、そう言った先輩のこと、つまり話し手本人だ。英語で言うなら I (me) だね。

　じゃあ、こんどはこの文を見よう。
そんなことゆうても、自分がゆうたこととちゃうんか？
　きょうも宿題をやりたくない、哲也君。「きょうはやらんでもいいやろ？」とおかあさんに甘えたら、返ってきた答えがこれ。「そんなこと言っても、たまった宿題をきょうこそやるという約束はあなたが言ったことじゃないの？」といった意味だ。このときの「自分」は「あなた」、つまり哲也君のことだ。話をしているおかあさんの相手を指している。英語で言うなら you だね。
　もっとも、「自分」をこんなぐあいに使うのはだれでもできるというわけではないんだ。ちゃんとした調査をしたわけではないけど、主に関西の人がこういう使い方をするようだ。

　このほかにも、「自分」は次のようにも使われる。
小百合はいつも自分で夕食のしたくをする。
　こういう「自分」はいつも「で」がそのあとについて「自分で」、つまり「自分自身で」「ひとりで」というような意味を表す。

　さて、いよいよ今回の本題。次の文はどうだろう。
はるみが幸夫に自分の写真を見せた。
　「自分の写真」とはだれの写真だろうか。いろいろな可能性が考えられると思うんだけど、いくつぐらい思いつくだろうか。
　たぶん、多くの人は「自分の写真」とは「はるみの写真」だと考えるだろう。でも、実は、こんな可能性もある。喜んでいるのか、怒っているのかわからな

いけれど、「はるみが幸夫にわたしの写真を見せたのよ」とだれか（たとえば、冬美さん）が言っているときだ。だとすると、この「自分」は話し手本人のことだから、「わからないことがあったらなんでも自分に聞いてください」と言うときの「自分」と同じタイプの「自分」だ。

　こんな可能性だってあるよ。あなたが「そんなことゆうても、自分がゆうたこととちゃうんか？」のような「自分」の使い方をする人なら、「はるみが幸夫にあなたの写真を見せたのよ」とだれかが言っていると思ったかもしれない。

　でも、「はるみが幸夫に自分の写真を見せた」と聞いたときに、まず思い浮かぶのは、やっぱり「はるみが幸夫にはるみ自身の写真を見せた」という意味じゃないだろうか。そこで、これから先はこの最後の可能性だけを考えていこう。

　「はるみが幸夫に自分の写真を見せた」という文では、「自分」ははるみを指すんだけれど、この文から「自分」あるいは「自分の写真」というところだけを抜き取って、離して置いてみる。それで、「自分」ってだれのこと？　とか、「自分の写真」ってだれの写真？　と聞かれたらどうだろう？　「自分」って「その人自身」のことだけど、じゃあ、「その人」って、いったいだれだろう？

　実は、問題は意外に複雑なんだ。次の文を見てみよう。

志保が清司に自分の写真を見せた。

　この文では「自分」とは志保のことだ。つまり、「自分の写真」というのは、さっきの文では「はるみの写真」という意味だったのに、この文では「志保の写真」という意味になっている。

　ここまでの話からわかるように、「自分」はそれだけを見ていただけではなにを指すかが決められない。でも、なにを指すかが永久に決められないんだったら、文全体の意味がわからなくって困っちゃうよね。そこでね、そのときは同じ文の中にある別の表現を利用するという頭脳的なことをするんだ。たとえば、次の文をもう一度見てみよう。

はるみが幸夫に自分の写真を見せた。

　「自分」はそれだけではなにを指してよいのか決められない。そこで同じ文

今日も宿題はパスや
今日はやらんでもええやろ？
そんなことゆうても、自分がゆうたこととちゃうんか？
ぼく ゆうてへんで
ち
こんなかの だれかが ゆうたんと ちゃうか？

フフフ
ホホホ
ねえ、ぼくにも
その写真見せてよ
①
だめ!
ずるいよ、だれが
うつっているの?
②
あ
ら
ひゅ――
③
ひゅ――
おーい、だれが
うつっているんだよー
④

中にある「はるみ」という単語を利用して、そのはるみさんを指すことにするという仕組みさ。そう言えばとひざをたたいたあなた、よく気がつきました。探検9で謎を追った「それ」と同じ仕組みだよね。なかなか賢いことをするね。でも、「自分」は「それ」とは違った、なかなか興味深い性質ももっている。

　次の探検では、「自分」の世界にもう少し深く入り込んでみよう。

探検 23

自分 [2]

代名詞 ③

さっそく、「自分」の世界の探検を続けよう。前の回の復習をしておくと、

A 「自分」にはいろいろの使い方がある。たとえば、英語のIやyouなどにあたる使い方もある。

B それを見ているだけではなにを指すかを決められない「自分」の使い方もある。そのときには、同じ文中にある別の表現を利用する。

たとえば、次の文を見てほしい。

はるみが幸夫に自分の写真を見せた。

この文では「自分の写真」はだれの写真？ と考えると「はるみの写真」だ。この「自分」は「はるみ」と結び付いて、はじめて意味をもつ。「自分」は「はるみ」を利用して、はるみさんを指すというわけだ。

さて、ここで問題。「自分」は同じ文中にある別の表現ならなんでも利用できるのだろうか。

この問題の答えはノー。さっきの文の場合、「自分」は「幸夫」は利用できない。つまり、幸夫君を指すことはできない。だから、どんなことがあっても、さっきの文は「はるみが幸夫に幸夫自身の写真を見せた」という意味にはならない。

こんどは、違う例を見てみよう。

はるみが幸夫を自分の部屋でしかった。

この「自分」はどの表現を利用しているのかと考えると、「はるみ」だね。そして、ここで大切なことは「幸夫」は利用できないという点だ。「はるみが幸夫をはるみ自身の部屋でしかった」という意味で、間違っても「はるみが幸夫を幸夫自身の部屋でしかった」という意味にはならないね。

いまあげた例では、２つとも「自分」は「はるみ」を利用しているけれど、別に「自分」は「はるみ」ということばにこだわりをもっているわけではないよ。ためしに、「はるみ」と「幸夫」を入れ替えてみよう。

幸夫がはるみに自分の写真を見せた。
幸夫がはるみを自分の部屋でしかった。

こんどは「自分」は「幸夫」しか利用できなくなる。

ここで、あっ！ とひらめいた人がいたら、その人は天才かもしれない。どうやら、「自分」は「が」がついている表現しか利用できないんじゃないかな。「はるみ」を利用している文では「はるみが」となっているし、「幸夫」を利用している文では「幸夫が」となっている。

それじゃ、こんどはもう少し複雑な例を考えてみよう。

幸夫が、はるみが冬美に自分の写真を見せたと、信じていることは明らかだ。

この「自分」はどの表現を利用できるだろうか。「幸夫」を利用できる、つまり幸夫君を指すことはすぐわかるね。でも、実は、この文はあいまい（覚えているかな？ 忘れちゃった人は探検１、２、３をもう一度読んでみて！）なんだ。「自分」は「はるみ」も利用できるんだ。もう一度この文を読み直してみよう。

えー、「自分」がはるみさんを指せる？ そんなばかな！ と思っている君、さっきの文にちょっとした工夫を加えてみよう。

幸夫が、はるみが冬美に自分のスカートを見せたと、信じていることは明らかだ。

さっきの文の「写真」を「スカート」に変えただけだよね。でも、スカートはふつう女の人が持っているものだから、男の幸夫君のスカートっていうのはちょっと（だいぶかな？）不自然だ（スコットランドなら話は別かもしれないけどね）。だから、「自分」が「幸夫」を利用しようとしても、その不自然さが邪魔をするというわけだ。そこで、「自分」はほかの可能性を探る。そこで、「はるみ」を利用する可能性が浮かび上がってくるんだ。ね、こんどは「自分」が「はるみ」を利用できることがわかるだろ。

ここで注目してほしいのは、どんなにがんばっても「自分」は「冬美」を利用することはできないということだ。冬美さんも女なのだからスカートを持っていても不思議はないけれど、そういう読み方は絶対にできないのさ。

これまで見たところから、「自分」が利用できる表現は「が」がついているものに限られているということがわかる。「が」がついている表現は文の「**主語**」と呼ばれるので、そのことばを使えば、**「自分」が利用できる表現は主語に限られる**ということになる。さらに、最後の２つの例からわかることは主語

①
よーいスタート
ドーン
ザ
はるみリード！幸夫おくれた！
②
あぐ
ガ
はるみ ガ を獲得！
③
ガ
はるみゴールイン
④
はるみ1年間自分を利用できます。おめでとう！
幸夫 無念です。泣くな幸夫！

①
はるみ！
え

②
なぜ おまえは ぼくのスカートを 冬美に 見せた！

③
かたいこと言うなよ
人の趣味はいろいろだし

④
趣味じゃない！
ぼくはスコットランド人だ！
あらそう

でありさえすれば、「自分」から少し離れていても構わないということだ。だから、

　はるみが、幸夫が、稔があきらに自分のスカートを見せたと、信じていると、主張したと、言ったことは明らかだ。
というような長い文でも「自分」は遠く離れた「はるみ」を利用できる。もちろん、こんな文は「が」がたくさん出てくるので言いにくいし、わかりにくいね。でも、落ち着いて考えてみると、いま言ったことがちゃんとわかると思う。

　簡単なように見える「自分」。でも、この世界もずいぶんと奥が深そうだね。

探検 24

じゃあね！

1. さて そろそろ かーえろ

2. 隊長ーっ！ プップ

3. 空港まで おくりますよ
   ありがとう

さて、ことばの世界の探検もいよいよ大詰めだ。そこで、これまで訪ねたいろいろな世界を振り返ってみることにしよう。

　文法の正体を探るために最初に訪ねたのが、「あいまいな文」の世界。「茶色い目の大きな犬を飼っている宇宙人」のあいまいさ、いくつぐらいの意味に気がついたかな。
　次に、「一番長い文」の世界へ行った。結局、文はいくらでも長くできるので、一番長い文というものはないということがわかった。
　名詞と名詞をくっつけて新しいことばを作る世界へも行ってみた。
　それから、「連濁」の世界を探ってみたね。「にせたぬきじる」と「にせだぬきじる」の違い、覚えているかな？
　「それ」の世界はどうだったかな。コンピュータには大の苦手でも、人間にはなんの苦労もなくわかってしまう文があるということも覚えておいてほしい。
　Can you open the window?　の世界では、それが形のうえでは窓を開けられるかという疑問文なのに、働きとしては窓を開けてほしいという依頼を表すことを見た。
　敬語の世界にも行ってみたね。敬語は日本語に独特の世界だと言う人もいるけれど、実はそうではなく、英語にも敬語があることを見てまわったね。
　後半に入って最初に見たのが、日本語と英語の語順だ。一見ずいぶんと違っているように見える日本語と英語の語順だけれど、注意してみると鏡に映したような関係（鏡像関係というんだったよね）にあることがわかった。
　次に見たのが、「て」抜きと「に」抜きと that 抜きの世界。東京の方言と大阪の方言に独特な現象に実は同じ原理が働いていることを見た。さらに、英語にも同じ原理が働いている現象があることがわかった。
　そのあとに訪ねたのが、音の世界だ。とくに、英語の単語を日本語に取り入れようとするときに、どのような変化が起きるかを調べたね。母音が挿入されることがよくあること、それからどの母音が挿入されるかということに規則性があることを見た。

次に、活用の世界を見た。やたらとめんどうに見える活用だけれど、ローマ字表記にして考えてみると、実はけっこう規則的なことがわかった。そして、ついでに、最近話題になることが多い「『ら』抜きことば」もでたらめなことばの乱れではないこともつきとめた。
　最後に、日本語の「自分」の仕組みを調べてみた。

　楽しかったことばの世界の探検もこれでひとまずおしまいだ。でも、ことばの世界の探検はただ楽しいだけのものではない。それにはとても重要な意味があるんだ。ここで、そのことについて考えておこう。

　まず知っておいてほしいことは、ことばの世界は人間だけに与えられたものであるということだ。数を数えることができたり、自分のおりの鍵を自分で開けてしまうほどの知能をもつことができるチンパンジーのことを聞いたことがあると思うけれど、そんな賢いチンパンジーでもことばを人間と同じように操ることはできない。
　ことばの世界についてもう一つ重要なことは、人間は、ひとりひとりがさまざまな形でことばの世界を楽しむことができるという点だ。身長とか体重とか、利き手とか、国籍とか、それぞれ違った個性をもった人々が、それぞれのことばの世界を手に入れることができる。
　つまり、**ことばの世界は人間だけに与えられたものであると同時に、ひとりひとりの人間に与えられた豊かな世界である**ということだ。だから、ことばの世界に関心をもって、それがどんな世界であるのかを探検してみるということは、人間っていったい、なんなのだろうということを考えることにほかならないというわけだ。

　ことばの世界の重要性はそれだけではない。人間が使うことばは一つだけではない。日本語、英語、中国語、ヘブライ語、スワヒリ語…と、このリストはいくらでも長くできる。これを少し気取って、ことばの「**多様性**」と呼ぶこともできる。ここで気をつけておきたいのは、人間は生まれてしばらくの間、耳

にしていると、どのことばであっても苦労なく身につけることができるという点だ。たとえ、おかあさんのことばが中国語、おとうさんのことばがスワヒリ語であっても、もし生まれた子どもがしばらくの間、日本で過ごせば日本語を身につけることになる。日本人の両親の間に生まれた子どもでも中国で育てば中国語を身につけるようになる。ということは、人間が使うことばはそれぞれずいぶん違っているように見えるけれど、ひょっとしてそんなに違いはないのではないかという感じもしてくるね。実際、いろいろなことばの性質を少し詳しく調べてみると、それらに共通した仕組みが浮かび上がってくる。人間のことばは多様性をもっていると同時に、共通の特徴をもっているということだ。共通の特徴をこれまた気取って、ことばの「普遍性」と呼ぶこともある。

　今回の探検の重要な目的の一つは、日本語と英語がもつそれぞれに独特の性質（多様性）を探るとともに、表面的にはずいぶんと違っているこの二つのことばに共通する特徴（普遍性）があるのだ、ということをわかってもらうことにあったんだ。

　もう一つ、ことばについて忘れてはならないのはその「創造性」だ。「創造性」というとむずかしいかもしれないけれど、要するに新しいものを作り出すことができるということだ。蒸し暑くてたまらないとき、窓ぎわにいる人に「窓を開けてもらえませんか？」と直接頼むこともできるし、「暑いですね」と間接的に窓を開けてほしいという気持を伝えることもできる。同じ気持、同じ内容を実にさまざまな形で表現することができるというわけだ。そこには束縛などない。そんなことを可能にしてくれることばの世界は、さぞ素敵な世界だろうという感じがする。

　隊長の京都の親戚の家で飼っている九官鳥は、隊長が行くと必ず「こんかてえー人がくる」（来なくたっていい人がくる）という流暢な京都弁で迎えてくれる。でも、そんな賢い九官鳥でもだれかが教えなければ「はらへった」とも「ねむい」とも言えない。つまり、人間のように状況に応じてことばを自由に使うことはできないのだ。

こんなにすばらしいことばの世界だけれど、なかなかみんなそのすばらしさに気づかない。いったいどうしてだろう。**それはことばがあまりにも身近すぎるからだ。**人間にとって空気がどれだけ大切か、普通はあまりそんなことは考えない。それと同じことだ。
　それからもう一つ、これはあまり大きな声では言えないんだけれど、学校で習う文法があまりおもしろくないということも、ことばの世界のすばらしさを理解するための障害になっているかもしれないね。
　でも、ことばの世界のおもしろさに触れる機会がまったくないというわけでもない。しりとりとか、「たけやぶやけた」みたいに前から読んでも、後ろから読んでも同じ文（「回文」というんだけれどね）とか、知ってるだろう。ほかにも、ことばを利用した遊びがいろいろとある。ことばを利用した遊びのすばらしさは、なにも特別な道具がいらず、だれでもどこでも遊ぶことができるという点にある。だって、ことばの世界はみんなの頭の中にあるんだから。
　ただ、これまでのことば遊びではことばの世界のおもしろさのごく一部しか味わうことができない。今回の探検では、これまでのことば遊びでは体験できなかったことばの世界のすばらしさをいくつか体験してもらったというわけだ。

　最後に、隊長からみなさんへ贈ることば—
1　ことばに対する関心をもち続けてほしい。
　今回の探検で、ことばの世界には実にさまざまで、しかも興味深いところがたくさんあることがわかったことと思う。でも、今回訪ねることができたのはそのごく一部で、ぜひ将来訪ねてもらいたいところはたくさんある。さらに、未開の地もたくさん残っているので、その探検に参加しようという意欲のある人が出てきてくれれば隊長の気分は最高だ。新たな探検のために助言が必要だったら、いつでも連絡してください。
　また、もっとたくさんの例を考えてみると、今回の隊長の説明ではうまくいかない場合が出てくるかもしれない。そのときは、そうした例もうまく説明できるような工夫をみなさん自身で考えてほしい。

コンピュータに翻訳をさせる試みをしている研究者は、研究を進めれば進めるほど、人間のことばの世界のすごさがわかるようになるという。ことばの世界は実に奥が深いのだ。

2　**日本語も英語も、そしてどのことばも、同等のことばで、たとえば、英語のほうが日本語より優れているとか、その逆であるとかということはない。**

　よく英語は国際共通語と言われる。英語がそうした役割をある程度果たしていることも事実だけれど、それは英語がほかのことばよりも優れているからではない。ことばの本質とは関係のない事情によって、たまたまそういう役割を果たすことがあるというだけのことだ。

　また、同じことばの中にあるいろいろな方言もすべて平等で、ある方言が他の方言よりも優れているというようなことも決してない。たとえ、「標準語」と呼ばれることばがあったとしても、それも他の方言と同じ一方言にすぎないということをぜひ覚えておいてほしい。

　じゃ、またね！

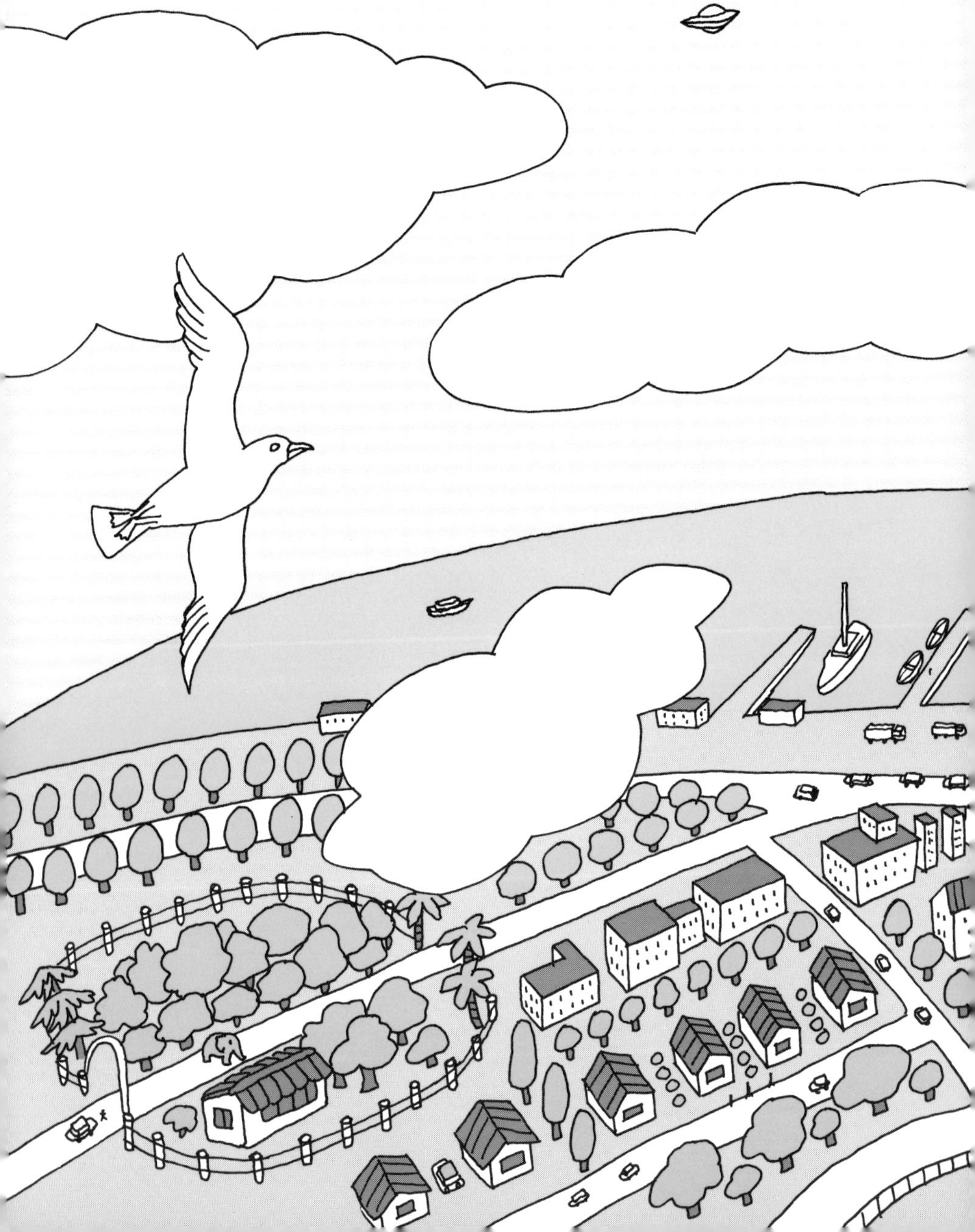

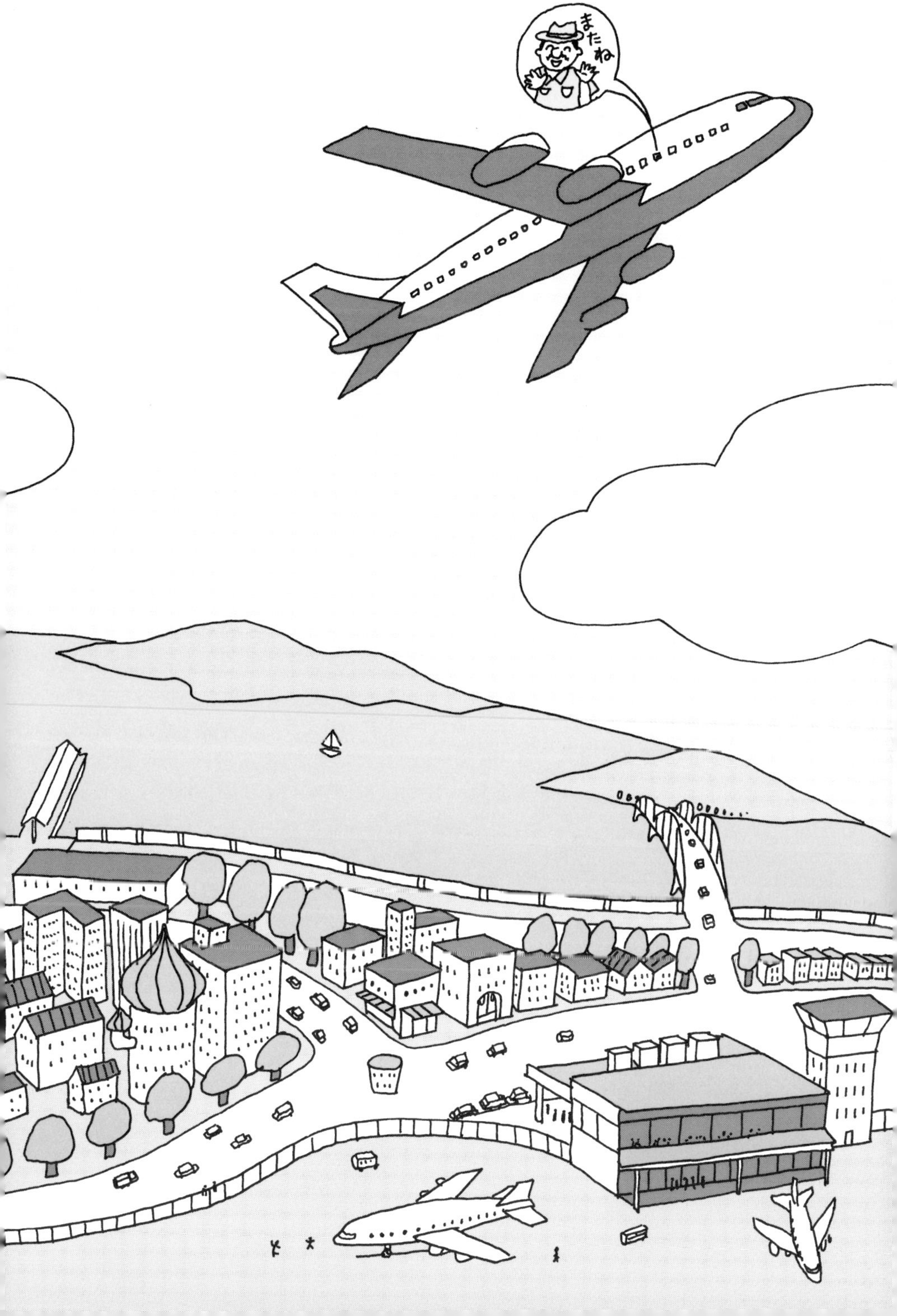
またね

あとがき

　この本は最近の言語理論研究の成果を下敷きとして、ことばの仕組みについて、みなさんの関心を高めることを目的として書いたものです。ことばの世界を支えている仕組み(文法)は、わたしたちの脳のどこかになんらかの形で備わっていると考えられますが、それがどのようなものであるのかを意識したりすることは普段あまりありません。その仕組みがどのようなものであるかを探りながら、それに対するみなさんの関心を高めようというのがこの本の狙いです。

　この本は中学生以上を主な読者層として想定して書きましたが、ことばに関心があるなら小学生でも楽しむことができます。この本を読んでことばの仕組みについての関心が増し、もっとそれについて勉強してみたいと思ったら、著者としてこれ以上のしあわせはありません。ただ、残念なことに、この先どのような本を読めばよいかと尋ねられても、この時点ではこの本をというものがあまりないのです。専門の言語学書は最近よいものがいくつか出版されていますが、小学生・中学生・高校生むきの参考書はまだよいものが見当たりません。強いてあげるとすると、益岡隆志『24週日本語文法ツアー』(くろしお出版、1993年)ということになると思います。この本は小学生にはちょっとむずかしいでしょうが、とてもよく書かれた本です。わたくし自身のものとして、文法絵本『ことばのからくり』(藤枝リュウジ絵、岩波書店、1996年)があります。この絵本は主に小学生を念頭において作ったものですが、小学生からおとなまでそれぞれに楽しむことができます。みんなでわいわいやりながらページをめくっていくと一層楽しいと思います。また、本書を『からくり』の解説書として利用することもできます。また、中学生以上なら、やはりわたくし自身が書いたものとして『英文法の疑問─恥ずかしくてずっと聞けなかったこと』(生活人新書、NHK出版、2004年)があります。

　もともと、『探検！ことばの世界』という本は1996年にNHK出版から出版したものです。幸い、多くの方々に受け入れられました。最初に想定した使われ方以外に、大学の言語学入門の教科書としても相当数採用されました。また、高校入試問題や高校入試用の問題集などにも利用されたりしています。しかし、ここしばらく品切れ状態が続き、『探検!ことばの世界』を読みたいという方々にご不便をかけていました。幸い、懇意にしていただいている、ひつじ書房房

主の松本功さんのご理解を得ることができ、この新版を送り出すことができました。この本のもとになったのは、『NHK 基礎英語 2』テキスト（NHK 出版）に 1994 年 4 月号から 1996 年 3 月号まで連載した「探検ことばの世界」と「探検ことばの世界パート 2」です。NHK 出版版を出すにあたっては、その原稿にかなりの加筆修正をしましたが、今回の新版を用意するにあたっても、内容上の訂正や誤植の修正など、多くの点に手を入れました。なお、もともとの連載では取り上げる話題が変らなければ、その前の回の内容をかなりしっかりと復習してから、その回の話を始めるようにしました。単行本の場合には必ずしもそういった配慮は必要ないかもしれませんが、この本でももともとの連載のその特徴を残すことにしました。そのほうが多くの読者にとって親切だろうと思ったからです。それに、もし、それがまどろっこしいと感じるようであれば、その部分を飛ばしてくれればよいのですから。

　最後にお願いがあります。みなさんがこの本を読んで感じたことを聞かせてください。質問でも、感想でも、なんでもけっこうです。できる限りご返事を書くようにします。手紙なら、
　〒 112-0011 東京都文京区千石 2-1-2 大和ビル 2F
　　ひつじ書房気付
　　大津由紀雄
宛てに、
電子メールなら、
　oyukio@sfc.keio.ac.jp
（oyukio の o を忘れないでください）宛てに送ってください。また、わたくしが代表理事を務める「一般社団法人ことばの教育」のサイト
（https://www.kotoba1.com/）には書き込み可能な「フォーラム」や「大津研ブログ」などいろいろなページを用意してあります。ぜひお立ち寄りください。
　では、また。

大津由紀雄
2004 年盛夏

重版にあたって

　『探検！ことばの世界』をお読みいただき、ありがとうございました。おかげさまで、多くの読者を得ることができ、著者としてうれしい限りです。さて、このほど、この本の姉妹本を書きました。『ことばに魅せられて―対話篇』です。この本同様、ひつじ書房の刊行で、早乙女民さんの楽しく、かつ、的確なイラストつきです。副題にあるとおり、「対話」形式になっています。この本よりももっと広い視点から、ことばの世界へのご案内します。2冊併せて読んでいただくと、ことばの世界をかなり立体的に理解することができるはずと自負しています。ぜひ手に取ってみてください。

2008 年 4 月
大津由紀雄

　『探検！ことばの世界』のNHK出版版が世に出たのが1996年、ひつじ書房版の初刷が出たのが2004年のことです。NHK出版版から起算すれば四半世紀を越え、ひつじ書房版もまもなく20年目を迎えます。このほど、再び刷りを重ねることとなり、著者としてはうれしい限りです。

　この間に言語研究は著しい発展を遂げてきました。1996年にはまだ薄ぼんやりとしか捉えることができなかったのに、近年はかなりはっきりとした姿を現し始めたということもたくさんあります。しかし、この『探検！ことばの世界』に書いたことは決して古くなることなく、ことばの世界のおもしろさ、豊かさ、怖さを読者のみなさんに知ってもらうための格好の案内書であると自負しています。上に掲載されている、2008 年 4 月に書いた「重版にあたって」で触れた『ことばに魅せられて―対話篇』と併せて読んでいただけると、現代言語学の入山口まで辿り着くことができます。お楽しみください。

2023 年 2 月
大津由紀雄

感謝のことば

　今回の探検にあたって、たくさんの友人や著書・論文などのお世話になりました。ここにお名前や著書名などをあげて感謝します。

　まず、それぞれの地域に関する情報をたくさんお持ちで、探検計画にいろいろと助言をくださった友人たち――石居康男さん、今西典子さん、佐野哲也さん、直井一博さん、日比谷潤子さん、本間猛さん、遊佐典昭さんご一家。

　次に、いろいろな地方の現地資料や案内書も活用させてもらいました。伊東裕司「問題解決における解の判断」日本認知科学会第1回大会発表論文、1984年（探検3）。今西典子「言語理論と認知科学」『認知科学への招待』渕一博（編著）、NHK出版、1983年（探検9）。上山あゆみ『はじめての人の言語学』くろしお出版、1991年（探検18, 19）。久野暲「英語圏における敬語」『岩波講座日本語4』岩波書店、1977年（探検11）。呉承恩（著）、舟橋克彦（訳）『西遊記（少年少女世界名作の森19）』集英社、1990年（探検9）。徳田雄洋『あいまいな文（はじめて出会うコンピュータ科学2）』岩波書店、1990年（探検3）。トルストイ（再話）、内田莉莎子（訳）『おおきなかぶ』福音館書店、1966年（探検4）。西垣内泰介「こどものことばとことばの科学」草稿（探検13）。野田尚史『はじめての人の日本語文法』くろしお出版、1991年（探検18, 19, 20）。武者小路実篤『一休（火の鳥伝記文庫6）』講談社、1981年（探検1）。百々佑利子（訳）『マザーグースとあそぶ本』ラボ教育センター、1986年（探検5）。このほかにも、貴重な現地資料をいろいろと活用してありますが、探検界の共有財産になっているものと考え、ここではその資料名を省略させてもらいます。

　今回の探検のための予備調査を『NHK基礎英語2』テキスト（NHK出版）を利用して行いました。その予備調査に参加してくれて、いろいろとご意見などをくれたみなさん、ありがとう。そして、この探検を始めるきっかけを作ってくれた谷口幸夫さん（当時、筑波大学附属駒場中・高等学校教諭。現東京都

立武蔵村山高等学校教諭)、探検の下調べにつきあってくれた筑波大学附属駒場中学校の有志の生徒諸君に感謝します。探検の成果を検討してくださった及川賢さん(当時、東京学芸大学助手。現埼玉大学教育学部助教授)、どうもありがとう。

　探検の準備期間からNHK出版版の制作時までおつきあいくださり、数々の有益な助言をくださったNHK出版の井口志保さんと小池清司さんにも感謝します。とりわけ、庭いじりの世界の担当になったあとも(いまはブックスものの世界在住)、ことばの世界にはまって、いろいろとおもしろい例などを提供し続けてくれた井口さん、本当にありがとう。

　イラストを描いてくださった早乙女民さんにも感謝します。早乙女さんは新版の出版にあたり、表紙のデザインも担当してくださいました。この本の楽しさは早乙女さんの楽しいイラストによるものであると言っても過言ではありません。

　ひつじ書房房主の松本功さんがいらっしゃらなければ、今回の新版が世に出ることはありませんでした。ことばの世界と出版の世界に対する松本さんの情熱には畏敬の念を覚えます。また、同書房の北村直子さんは担当編集者として、いろいろとご尽力くださいました。お二人に心からお礼申し上げます。

大津由紀雄〔おおつ　ゆきお〕…1948年東京都生まれ。現在、慶應義塾大学名誉教授、関西大学・中京大学客員教授。子どもはどうしてあんなに上手にことばを身につけることができるのか、その秘密を探りながら、ことばの世界のすばらしさや豊かさをひとりでも多くの人に知ってもらいたいと願っている。『言語研究の世界―生成文法からのアプローチ』（研究社、2022年、共編著）など、言語の認知科学に関する専門書や研究論文、『ことばの力を育む』（慶應義塾大学出版会、2008年、共著）『英文法の疑問―恥ずかしくてずっと聞けなかったこと』（生活人新書、NHK出版、2004年）『どうする、小学校英語？―狂騒曲のあとさき』（慶應義塾大学出版会、2021年、共編著）など英語教育・英語学習に関する著作のほかに、絵本『ことばのからくり』（岩波書店、1996年、藤枝リュウジ絵）や「ことば遊びかるた」（フレーベル館、2003年）などの作成にも関わっている。なお、本書の姉妹本として、『ことばに魅せられて―対話篇』（ひつじ書房、2008年）がある。

探検！ことばの世界（新版）　　2004年12月6日　初版1刷発行
　　　　　　　　　　　　　　　　2023年3月3日　　　7刷発行

著者	大津由紀雄
イラスト・デザイン	早乙女民
発行者	松本功
発行所	株式会社ひつじ書房

〒112-0011　東京都文京区千石2-1-2　大和ビル2F
tel. 03-5319-4916　　fax. 03-5319-4917　　郵便振替 00120-8-142852

印刷・製本　　　　　三美印刷株式会社
定価　　　　　　　　1600円＋税

造本には充分注意しておりますが、落丁・乱丁などがございましたら、小社までお送り下さい。送料小社負担にてお取り替えいたします。ご意見・ご感想など、小社までお寄せいただければ幸いです。toiawase@hituzi.co.jp　https://www.hituzi.co.jp/
ISBN4-89476-223-4 C0081 Printed in Japan
ISBN978-4-89476-223-7

ことばの宇宙への旅立ち　シリーズ全3巻
大津由紀雄 編

ことばの宇宙への旅立ち　10代からの言語学　定価 1,500 円＋税
大津由紀雄　ことばの宇宙への誘い／**上野善道**　母は昔はパパだった、の言語学／**窪薗晴夫**　神様の手帳をのぞく／**今西典子**　古語の文法とニュートン・リングの先に開けた言語研究の世界／**西村義樹**　文法と意味の接点を求めて／**今井邦彦**　人は、ことばをどう理解するのか

ことばの宇宙への旅立ち 2　10代からの言語学　定価 1,300 円＋税
大津由紀雄　ことばに魅せられて／**酒井邦嘉**　脳に描く言葉の地図／**日比谷潤子**　書を捨てて町に出る言語学／**池上嘉彦**　ことば・この不思議なもの

ことばの宇宙への旅立ち 3　10代からの言語学　定価 1,600 円＋税
今井むつみ　どうして子どもはことばの意味を学習できるのか／**長嶋善郎**　「後ろ姿」は日本語的なことば／**野矢茂樹**　ことばと哲学／**滝浦真人**　夫婦ゲンカの敬語と上手な友だちの作り方、の言語学／**岡ノ谷一夫**　動物の鳴き声と言語の起源／**尾上圭介**　「文法」て"芸"ですか

ことばに魅せられて　対話篇
大津由紀雄 著　定価 1,600 円＋税